中国游記選

～ 中国文人の浪漫紀行 ～

水野　厚志
瀬戸口律子　編

は　し　が　き

　広大な中国を巡るのは、現代にも通ずる旅人の浪漫である。中国では古代から文人達が転勤や出張等で旅をし、その地で見聞したことを日記体にまとめていた。これが所謂「游記」であり、現在の旅行記や紀行文のジャンルに属する。「游記」に綴られた文章によって、昔日が彷彿としてよみがえり、読者は居ながらにして当時の旅人の気分を味わうことが出来る。まさに「游記」の醍醐味である。

　この書では、中国魏晋南北朝時代の北朝北魏と南朝梁の作品から清代末期までの作品を対象とし、その中から二十一篇を取り上げた。旅人が目にする地域の風景やその地に伝わる伝説、土地の名産、さらには歴史上の事件等に至るまで、内容は多岐にわたっている。各篇には日本語訳・注釈を付し、以下のような点にも配慮した。

① 　原文を簡体字に直し、拼音（ピンイン）を付した。
　　現代語とは違い、単語の認定に困難な箇所もあるため、一文字毎に発音と四声（変調無し）を付けた。人名、地名、特殊用語、文頭は大文字で表した。
② 　古文を学んでいない人でも注釈や訳文を見ながら勉強できるようにした。
③ 　泰山、西湖、虎丘、武夷山など中国の名所や、よく知られている人名、地名が出てくる「游記」を優先的に採用した。

本書が、中国語及び中国紀行文学に多少なりとも興味を有する人への一助となれば幸いである。

　古典の読解力にやや力不足を自認する編者ではあるが、恩師の大東文化大学名誉教授 岡田脩先生、そして元北京外国語大学教授 王永培先生の丁寧な御指導により、この『中国游記』をまとめることができた。改めて両先生に対し、心からお礼を申し上げたい。

　また、本書の出版に際しては、東京国際大学総長の倉田信靖先生から貴重なご助言とご助力を頂き、併せて明徳出版社佐久間保行社長にも多大なるご尽力を頂いた。ここに深甚なる謝意を記すものである。

　2019年 初秋

　　　　　　　　　　　　　　　　　　　　　　　　編　著

• 目　次 •

はしがき …………………………………………… *1*

魏晋南北朝時代 （184年～589年）

江水注（节选）　　酈道元（446又は472？～527）：北魏 ………… *6*

与朱元思书　　　　吴　均（469～519）：梁代 ………………… *13*

唐　　代 （618年～907年）

山中与裴秀才迪书　王　維（701～761） ………………………… *18*

右溪记　　　　　　元　结（719～772） ………………………… *23*

始得西山宴游记　　柳宗元（773～819） ………………………… *27*

钴鉧潭记　　　　　柳宗元 ……………………………………… *33*

北 宋 時 代 （960年～1127年）

武昌九曲亭记　　　苏　辙（1039～1112） ……………………… *38*

新城游北山记　　　晁補之（1053～1110） ……………………… *45*

南 宋 時 代 （1127年～1279年）

入蜀记（节选）　　陸　游（1125～1210） ……………………… *52*

观　潮　　　　　　周　密（1232～1298） ……………………… *67*

• *3*

元　　　代 (1271年～1368年)

大龙湫记　　　　李孝光 (1285～1350) ……………… *74*

明　　　代 (1368年～1644年)

满井游记　　　　袁宏道 (1568～1610) ……………… *82*

虎　丘　　　　　袁宏道 …………………………… *87*

玉泉山记　　　　袁中道 (1570～1623) ……………… *95*

游恒山日记　　　徐宏祖 (1586～1641) ……………… *100*

湖心亭看雪　　　张　岱 (1597～1679) ……………… *107*

西湖七月半　　　张　岱 …………………………… *111*

游南岳记　　　　钱邦芑：生没年不詳（明末清初の人) ………… *119*

清　　　代 (1636年～1912年)

登泰山记　　　　姚　鼐 (1731～1815) ……………… *128*

记九溪十八涧　　林　纾 (1852～1924) ……………… *135*

游栖霞紫云洞记　林　纾 …………………………… *140*

【付　録】　中国古代地図

魏晋南北朝時代

184年～589年

江 水 注 (节选)①

郦道元②

江水历峡③，东迳④新崩滩。此山汉和帝永元十二年⑤崩，晋太元二年⑥又崩。当崩之日，水逆流百余里，涌起数十丈。今滩上有石，或圆如箪⑦，或方似屋，若此者甚众，皆崩崖所陨⑧，致怒湍流⑨，故谓之新崩滩。其颓岩所余⑩，比之诸⑪岭，尚为竦桀⑫。其下十余里，有大巫山，非惟三峡⑬所无，乃当抗峰岷、峨⑭，偕岭衡、疑⑮。其翼附⑯群山，并概⑰青云，更就⑱霄汉辨其优劣耳。神孟涂⑲所处。《山海经》⑳曰：夏后启㉑之臣孟涂，是司神于巴㉒，巴人讼㉓于孟涂之所，其衣有血者执㉔之，是请生㉕，居山上，在丹山西。郭景纯㉖云：丹山在丹阳，属巴㉗。丹山西即㉘巫山者也。又帝女㉙居焉。宋玉所谓天帝之季女㉚，名曰瑶姬，未行㉛而亡，封于巫山之阳㉜，精魂为草，寔㉝为灵芝。所谓巫山之女，高唐之阻㉞，旦为行㉟云，暮为行雨，朝朝暮暮，阳台之下㊱，旦早视之，果如其言。故为立庙，号朝云焉。其间首尾百六十里，谓之巫峡，盖因山为名也。

自三峡七百里中，两岸连山，略无阙㊲处。重岩叠嶂，隐㊳天蔽日，自非亭午夜分㊴，不见曦㊵月。至于夏水襄陵㊶，沿泝阻绝㊷。或王命急宣㊸，有时朝发白帝㊹，暮到江陵㊺，其

间㊻千二百里，虽乘奔御风㊼，不以疾㊽也。春冬之時，则素湍绿潭㊾，回清㊿倒影。绝巘(51)多生怪柏，悬泉(52)瀑布，飞漱(53)其间，清荣峻茂(54)，良多(55)趣味。每至晴初霜旦(56)，林寒涧肃(57)，常有高猿长啸(58)，属引凄异(59)，空谷传响(60)，哀转久绝(61)。故渔者歌曰：巴东三峡巫峡长，猿鸣三声泪沾(62)裳。

Jiāng shuǐ zhù (jié xuǎn)

Lì Dàoyuán

Jiāng shuǐ lì xiá，dōng jìng Xīn bēng tān。Cǐ shān Hàn Hé dì Yǒng yuán shí èr nián bēng，Jìn Tài yuán èr nián yòu bēng。Dāng bēng zhī rì，shuǐ nì liú bǎi yú lǐ，yǒng qǐ shù shí zhàng。Jīn tān shàng yǒu shí，huò yuán rú dān，huò fāng sì wū，ruò cǐ zhě shèn zhòng，jiē bēng yá suǒ yǔn，zhì nù tuān liú，gù wèi zhī “Xīn bēng tān”。Qí tuí yán suǒ yú，bǐ zhī zhū lǐng，shàng wéi sǒng jié。Qí xià shí yú lǐ，yǒu Dà wū shān，fēi wéi Sān xiá suǒ wú，nǎi dāng kàng fēng Mín、É，jiē lǐng Héng、Yí。Qí yì fù qún shān，bìng gài qīng yún，gèng jiù xiāo hàn biàn qí yōu liè ěr。Shén Mèng Tú suǒ chù。《Shān hǎi jīng》yuē：“Xià Hòu Qǐ zhī chén Mèng Tú，shì sī shén yú Bā，Bā rén sòng yú Mèng Tú zhī suǒ，qí yī yǒu xuè zhě zhí zhī，shì qǐng sheng, jū shān shàng，zài Dān shān xī。” Guō Jǐng chún yún：“Dān shān zài Dān yáng，shǔ Bā。Dān shān xī jí Wū shān zhě yě。Yòu dì nǚ jū yān。” Sòng yù suǒ wèi tiān dì zhī jì nǚ，míng yuē Yáo jī，wèi xíng ér wáng，fēng yú Wū shān zhī yáng，jīng hún wéi cǎo，shí wéi líng zhī。

Suǒ wèi "Wū shān zhī nǚ, Gāo táng zhī zǔ, dàn wéi xíng yún, mù wéi xíng yǔ, zhāo zhāo mù mù, yáng tái zhī xià, dàn zǎo shì zhī, guǒ rú qí yán. Gù wéi lì miào, hào Zhāo yún yān." Qí jiān shǒu wěi bǎi liù shí lǐ, wèi zhī Wū xiá, gài yīn shān wéi míng yě.

Zì Sān xiá qī bǎi lǐ zhōng, liǎng àn lián shān, lüè wú quē chù. Chóng yán dié zhàng, yǐn tiān bì rì, zì fēi tíng wǔ yè fēn, bú jiàn xī yuè. Zhì yú xià shuǐ xiāng líng, yán sù zǔ jué. Huò wáng mìng jí xuān, yǒu shí zhāo fā Bái dì, mù dào Jiāng líng, qí jiān qiān èr bǎi lǐ, suī chéng bēn yù fēng, bù yǐ jí yě. Chūn dōng zhī shí, zé sù tuān lù tán, huí qīng dào yǐng. Jué yǎn duō shēng guài bǎi, xuán quán pù bù, fēi shù qí jiān, Qīng róng jùn mào, liáng duō qù wèi. Měi zhì qíng chū shuāng dàn, lín hán jiàn sù, cháng yǒu gāo yuán cháng xiào, shǔ yǐn qī yì, kōng gǔ chuán xiǎng, āi zhuǎn jiǔ jué. Gù yú zhě gē yuē : "Bā dōng Sān xiá Wū xiá cháng, yuán míng sān shēng lèi zhān shāng."

　長江の流れは三峡を経て東は新崩灘へと続く。この山は漢代和帝永元十二年に倒壊し、晋代太元二年に再度崩れた。倒壊したときには川の水が百余里逆流し、立ちのぼる大浪は数十丈にも達した。今河原には多くの巨石がある。まん丸で飯を盛った竹製の器によく似たものもあるし、四角い形のまるで家屋のようなものもある。このような石がたくさんあり、全て山の崖がくずれた時に落下したものである。それが水の流れを妨げ、その流れが猛烈で急であるところから、「新崩灘」と名付けられた。倒壊した後に残った山岩は、群れ立った山峰よりも更に高くそびえている。「新崩灘」の下流十数

里のところには、大巫山があり、三峡には見られないばかりか、さらに岷山や峨眉の峰々と高さを競い、衡山や九嶷山の連峰とも競っている。その両側に連なる山々は高潔で平らであるばかりでなく、高い空まで続き、両者の優劣はつけがたい。神仙の孟涂が住んでいる所は、『山海経』の中で「夏后啓の子である孟涂は、巴都を治める山の神で、巴都の人々は孟涂の住まいにやって来て訴えをおこす。服に血の付着している人がいれば、すべて拿捕監禁される。善人はすべて山に住み、丹山の西側で暮らす」と記されている。郭景純は「丹山は丹陽地区にあって、古代巴国に属す。丹山すなわち巫山である。その他に天帝の娘もそこに住まわせる」という。宋玉がいう天帝の第三番目の娘は名前を瑶姫といい、未婚のうちに死去した。巫山の南面に葬られたため、彼女の精魂は草になり、まさしくレイシ（霊芝）に変わったとされている。伝説の中の巫山の女神は、険しい山の中の「高唐」に住んでおり、早朝には雲が広がり夕方には雨が降る。朝夕神女の居処には明け方に見られる光景である。それはやはり伝説と同じである。そこで廟を建立し、その名を「朝雲」とした。その間は百六十里以上あり、巫峡と呼ばれる。これは山の名にちなんで命名された。

　七百里の三峡の間は、両岸にびっしりと隙間なく山が連なっている。幾重にも重なった山岩と険しい峯々は障壁のように、空と陽の光を遮断する。正午か夜中でなければ、太陽や月を見ることができないのだ。夏が来て水が満ち溢れる季節になると、舟で流れに沿って下ることも流れに逆らって上ることも出来ず、交通は遮断されてしまう。もしも皇帝の勅令で、緊急の伝達が必要となれば、朝白帝

城を出発して、一泊すれば江陵に到達することはできる。その間千二百里の道のりを追い風に乗って駿馬を走らせたとしても、舟で運行するのに比べれば非常に速いとは言えない。春になるとここでは絹のように白い急流と、緑色の深みが際立つ。流れはぐるぐると渦を巻き、両岸の影が水面に映える。岸には奇妙な形をした柏の木が群生し、崖にそって流れる急流と滝が、それらの生い茂る柏木に水をふきかけるのだ。清らかな流れと滝、生い茂る柏の木、そびえ立つ険しい崖、密生する野生の雑草、そのいずれも多様な趣がある。雨が降った後の晴れ間、霜の下りた早朝の寒々とした樹木、そして渓谷の静寂を破って高い所から聞こえる猿の鳴き声がとてももの哀しい。広々とした渓谷に響く悲哀に満ちた猿の鳴き声はしばらく続き、やがて聞こえなくなる。漁歌には「巴東の三峡の中で巫峡が最も長く、もの悲しげになく猿の鳴き声は人々の心を打ち、涙が裳を濡らす」とある。

【注 釈】

① 『水経注』第三十四巻より選す。『水経』は中国古代の河川地理の名著であるが、原書の記述は極めて簡単である。酈道元がこの書のために注釈を作って、『水経注』四十巻とした。博引旁証で、山川・風物や社会歴史状況に対して詳細に記述す。その文体は簡練優美生動、比較的高い文学的価値を具有しており、後世の游記文学に対して大きい影響を有している。
　　本文はまず三峡の両岸の高峻なる山勢を描写し、次に三峡の四季の景色の特色を捉えて精細に彫刻し、その形象が生き生きと描かれている。真に古代記述文中の得がたい珍品である。

② 酈道元（446又は472？〜527）：字（あざな）は善長。范陽涿鹿（今の河北涿県）の人。北魏のとき安南将軍・御史中尉となり、法を執行するにあたって厳峻。後に讒言に遭って関右大使に貶され、西暦527年、赴任途中、雍州刺史蕭宝寅に殺された。好学博究で北方をも遍歴した。著書に『水経注』等がある。

③ 历峡：三峡を経過する。

④　迳：通過する。

⑤　永元：漢の和帝 劉肇の年号。　十二年：西暦100年。

⑥　太元：東晋の孝武帝司馬曜の年号。　二年：西暦377年。

⑦　箪：古代の飯を盛る円形の竹器。

⑧　隤：墜落する。

⑨　致：惹き起こす。　怒：流れが猛烈であることを形容する語。　湍流：急流のこと。

⑩　頽岩所余：崩落した後に残っている山。

⑪　诸：各個の。

⑫　竦桀：聳え立った様子。

⑬　三峡：長江上流の瞿塘峡・巫峡・西陵峡。

⑭　当：値る（役目や順番が当たる）。　抗：対抗しあって互いに譲らない。
　岷：四川松潘県北の岷山。　峨：四川省峨眉県西南の峨眉山。

⑮　偕：同じである。ここでは比べるの意。　衡：湖南の衡山。　疑：湖南の九嶷山。

⑯　翼：両翼。ここでは両側を指す。　附：連ね（な）る。

⑰　概：平らかにする（なる）。

⑱　就：至る。

⑲　孟涂：夏后啓の臣下。

⑳　《山海经》：古代の地理の著作。作者不詳。大部分の篇は戦国時代の作品。その内容は、主として民間伝説中の地理の知識であるが、あわせて少なからず太古の神話伝説をも保存している。

㉑　夏后启：夏の禹王の子。B.C.2095〜B.C.2085在位。

㉒　司：管理する。主管する。　巴：巴郡：今の四川を管轄区域としていた。

㉓　讼：告訴する。

㉔　执：拘える。拘囚を指す。

㉕　请生：好生・好人。善き人。

㉖　郭景纯：名は璞。晋代、聞喜の人。博学多才。詞賦は東晋第一。『爾雅』・『山海経』・『方言』・『穆天子伝』等の書に注す。

㉗　巴：古の国の名。その地は主として今の四川東部及び湖北の西部一帯にあたる。

㉘　即：とりもなおさず…である。

㉙　帝女：天帝の娘。

㉚　季女：三番目の娘。

㉛　行：嫁に行くことを指す。

㉜　阳：山の南面。

㉝　寔：実に・まさしく・本当に。

㉞　高唐：戦国時代、楚国の楼閣の名。雲夢沢中に在る。楚の襄王が高唐に游ん

だ時、巫山の神女を夢みたと伝えられる。　阻：険要の地。

㉟　旦：夜明け。　行：布施。しきのべる。

㊱　阳台之下：巫山の神女の居処を指す。

㊲　略无：おおむねない。　阙：欠ける。

㊳　隐：覆い隠す。

㊴　自非：もし……でなければ。　亭午：正午。　夜分：夜半。

㊵　曦：太陽。陽光。

㊶　夏水：夏の満ち溢れるばかりの水。　襄：水があふれる。満ち溢れる。
　陵：丘陵。

㊷　沿：流れに順って下る。　泝：流れに逆って上る。　阻绝：船を出すのを阻
まれる。

㊸　王命：皇帝の詔命。　急宣：急いで伝達する。

㊹　白帝：今の四川奉節県の東に在る。

㊺　江陵：今の湖北江陵県。

㊻　其间：その中間。

㊼　乘奔：疾駆する馬に乗る。　御风：大風に乗る。

㊽　不以：＝不为。……だとすることはできない。ここでは行船との相対上で言
っている。　疾：迅速。

㊾　素湍：白色の急流。　绿潭：緑色の水の深い所。

㊿　回清：渦巻く清流。

㉛　绝巘：絶壁。

㉜　悬泉：山壁に沿って流れ落ちる泉水。

㉝　漱：水が噴き出してすすぎ流す。

㉞　清：懸泉瀑布を指す。　荣：繁茂している。怪柏を指す。　峻：高くて険し
い。絶巘を指す。　茂：野草を指す。

㉟　良多：非常に多い。

㊱　晴初：始めて晴れた日。　霜旦：霜の降った早朝。

㊲　林寒：樹木が涼しく肌寒い。　肃：静寂。

㊳　长啸：声を長く伸ばして啼く。

㊴　属：連続する（して）。　引：延長する。　凄异：非常に凄涼である。

㊵　响：ひびき。

㊶　转：囀。婉転たる音声。　绝：消失する。

㊷　巴东：今の四川奉節・雲陽・巫山等の県。　沾：湿る。うるおす。ぬらす。

※原典は四部叢刊所収『水経注』によった。

与朱元思书①

吴 均②

　　风烟③俱净，天山共色。从流④飘荡，任意东西。自富阳至桐庐⑤，一百许里，奇山异水，天下独绝。水皆缥碧⑥，千丈见底。游鱼细石，直视无碍。急湍甚⑦箭，猛浪若奔⑧。夹峰高山，皆生寒树⑨。负势竞上⑩，互相轩邈⑪；争高直指⑫，千百⑬成峰。泉水激石，泠泠⑭作响。好鸟相鸣，嘤嘤成韵⑮。蝉则千转不穷⑯，猿则百叫无绝。鸢飞戾⑰天者，望峰息心⑱；经纶⑲世务者，窥⑳谷忘返。横柯㉑上蔽，在昼犹昏；疏条㉒交映，有时见日。

Yǔ Zhū Yuán sī shū

Wú Jūn

Fēng yān jù jìng, tiān shān gòng sè. Cóng liú piāo dàng, rèn yì dōng xī. Zì fù yáng zhì tóng lú, yī bǎi xǔ lǐ, qí shān yì shuǐ, tiān xià dú jué. Shuǐ jiē piǎo bì, qiān zhàng jiàn dǐ. Yóu yú xì shí, zhí shì wú ài. Jí tuān shèn jiàn, měng làng ruò bēn. Jiā fēng gāo shān, jiē shēng hán shù. Fù shì jìng shàng, hù xiāng xuān miǎo; zhēng gāo zhí zhǐ, qiān bǎi chéng fēng. Quán shuǐ jī shí, líng líng zuò xiǎng. Hǎo niǎo xiāng míng, yīng yīng chéng yùn. Chán zé qiān zhuǎn bù qióng, yuán zé bǎi jiào wú jué。Yuān fēi lì tiān zhě, wàng fēng xī xīn; jīng lún shì wù zhě, kuī gǔ wàng fǎn。Héng kē shàng bì, zài zhòu yóu hūn ;shū tiáo jiāo yìng, yǒu shí jiàn rì。

　穏やかな風と雲はとても清々しく、空と山峰の色合いは同じである。小舟を操り川の流れに沿って進むと、心の赴くままに東へ西へとさまよう。富陽から桐廬まで百里余りの間は、奇異な山嶺、異様な河流、天下に希な絶景と言われている。水は清らかに澄み、深い川底まで見える。活発に動き回る魚や小さな石ころがそのままはっきり見えるのだ。急流は矢のように速く、ものすごい勢いの波は、まるで奔走する駿馬のようである。両岸の高い山には寒さに耐える松柏が生息し、すべてが山の姿にしたがって上方へと競いそびえ立ち、互いに高い空に向かって伸びている。枝と幹は真っ直ぐに藍い空に向かっている。千本あまりの樹木が高い峰を作っている。山石の間から吹き出し、清々しく軽やかな音を響かせている。美しい鳥たちも一斉に鳴き出し、水の流れる音と鳥の鳴き声が調和してよいリズムだ。蝉がジージーと鳴き、その音は長く続いてやまない。猿も鳴いている。それらは空高く舞い上がる雄鷹が高官で禄の多い官吏を追求しているかのようだ。この峰々を見れば心が安まり、世俗のことで忙しい人々がこの渓谷を眺めれば、恐らく名残惜しく立ち去り難くなるだろう。横に伸びた木の枝は幾重にも重なり合い、青空を遮断している。昼間であっても夕方のように暗く、まばらな木の枝は互いに交叉して時にその隙間から光が差し込むのを見ることができる。

【注　釈】

① 本文は、呉均がその友 朱元思に書き与えた手紙である。用語は流麗であり、風景描写は絵画のようである。富陽から桐廬に至る間一百余里の富春江の美麗しい秋景色を生き生きと描き、祖国の錦繍のごとき山河を賛美し、また当時の知識階級が世俗・官界を厭悪した清廉高潔な思想を反映している。

② 呉均（469～519）：梁代、呉興郡故鄣県（今の浙江安吉県）の人。身分低い家柄の出身であるが、聡明好学。奉朝請に任官したが、『斉春秋』を私撰したために免職となる。その後また召されて『通史』を撰したが、完成を見ずに死亡。彼の詩文は、山水風物を描写することが多いが、その文章・字句は清楚なること抜群。相当の芸術的完成度を有している。当時、多くの人が彼の文体を模倣して「呉均体」と称したことは、彼が当時の文壇で相当大きな影響力を有していたことを見ることが出来る。今日、明代の輯本『呉朝請集』一巻を伝え、また別に小説『続斉諧記』一巻がある。

③ 烟：山水雲霧の気を指す。

④ 从流：江水に順っていく。

⑤ 富阳・桐庐：ともに地名。ともに今の浙江富春江畔に在る。

⑥ 缥（piǎo）：淡青色。　碧：青緑色。

⑦ 湍：急流。　甚：上回る。しのぐ。

⑧ 奔：奔走する駿馬。

⑨ 寒树：寒さに耐える松柏。

⑩ 负势：山勢に頼る。　上：上へ向かって聳え立つ。

⑪ 轩：高い。高く上がるさま。　邈（miǎo）：遠い。はるかである。

⑫ 争高：高下を争う。　指：直立する。

⑬ 千百：松柏の多いことを形容している。

⑭ 泠（líng）泠：音声のよく通って聞こえること。

⑮ 嚶嚶：鳥の鳴き声の調和するさま。　韵：リズムのある音。

⑯ 转：「啭」に同じ。宛転。　不穷：絶えず。

⑰ 鸢（yuān）飞：政治上で高位を追求する人に譬える。　鸢：トビ。　戾：至る。到達する。

⑱ 息心：競争心をなくする。

⑲ 经纶：経営する。管理する。

⑳ 窥：看る。

㉑ 柯：枝。

㉒ 疏条：まばらな枝。

※原典は呉譲之［筆］『梁呉均与朱元思書』によった（二玄社、1963）。

唐　代

618年～907年

山中与裴秀才迪书①

王 维②

近腊月下③，景气④和畅，故山殊可过⑤。足下方温经⑥，猥不敢相烦⑦，辄便⑧往山中，憩感配寺⑨，与山僧饭讫⑩而去。

北涉玄灞⑪，清月映郭⑫。夜登华子冈⑬，辋水沦涟⑭，与月上下⑮。寒山远火，明灭林外。深巷寒犬，吠声⑯如豹。村墟夜春⑰，复与疏钟相间⑱。此时独坐，僮仆静默，多思曩昔，携手赋诗，步仄径⑲，临清流也。

当待春中，草木蔓发⑳，春山可望㉑，轻鯈㉒出水，白鸥矫㉓翼，露湿青皋㉔，麦陇朝雊㉕，斯之㉖不远，傥能㉗从我游乎？非子天机清妙㉘者，岂能以此不急之务相邀？然是㉙中有深趣矣！无忽㉚。因驮黄檗㉛人往，不一一㉜。山中人王维白㉝。

Shān zhōng yǔ Péi xiù cái dí shū

Wáng Wéi

Jìn là yuè xià, jǐng qì hé chàng, gù shān shū kě guò. Zú xià fāng wēn jīng, wěi bù gǎn xiāng fán, zhé biàn wǎng shān zhōng, qì Gǎn pèi sì, yǔ shān sēng fàn qì ér qù.

Běi shè xuán bà, qīng yuè yìng guō. Yè dēng Huá zǐ gāng, wǎng shuǐ lún lián, yǔ yuè shàng xià. Hán shān yuǎn huǒ, míng miè lín wài。Shēn xiàng hán quǎn，fèi shēng rú bào。Cūn xū yè chōng，fù yǔ shū zhōng xiāng jiàn。Cǐ shí dú zuò，tóng pú jìng mò，duō sī nǎng xī，xié shǒu fù shī，bù zè jìng，lín qīng liú yě。

Dāng dài chūn zhōng，cǎo mù màn fā，chūn shān kě wàng，qīng tiáo chū shuǐ，bái ōu jiǎo yì，lù shī qīng gāo，mài lǒng zhāo gòu，sī zhī bù yuǎn，tǎng néng cóng wǒ yóu hū？Fēi zǐ tiān jī qīng miào zhě，qǐ néng yǐ cǐ bù jí zhī wù xiāng yāo？Rán shì zhōng yǒu shēn qù yǐ！Wú hū。Yīn yù huáng bò rén wǎng，bù yī yī。Shān zhōng rén Wáng Wéi bái。

　十二月末を迎える頃、気候は穏やかで輞川の山（中にある別荘）は殊に見物する価値がある。しかしあなたは学問に奨励している最中なので、私はその邪魔をしないように一人で山に入った。感化寺でしばらく休息を取り、山僧と一緒に食事をしてからこの地を離れた。

　北へ向かい、川の水が黒い灞水を渡ると清々しい月光が辺りを照らしている。夜 華子岡に登り、輞川を俯観すると、波が車輪のように回って水紋を成し、月影を映して上下にきらめくようだ。清涼なる夜空の下で遠方の山に見えるきらめく明かりが森林の外では明滅する。村の外れでは犬が吠えている。その鳴き声はまるでヒョウが吠えているようだ。村で農家の米を搗く音がゆっくりとした間隔を置いて鳴る鐘の音と交錯する。一人この山中に独坐して僮僕たちの声もなく、今私はふと思い出す。以前あなたと一緒に過ごした時

の情景を、私たちは手を取り合って詩や賦を吟じ合い、山の小径を
そぞろ歩き、澄み切った河のほとりにたどり着いたのだった。なん
と快いことだろう。

　陰暦二月になると草も木も生い茂り、山々の景色は一段と見応え
がある。魚たちは水の中で軽やかに泳ぎ回り、白い鴎は翼を広げて
空を飛び、夜になると露が河辺の野原を濡らす。早朝には野鳥が麦
畑で鳴く。なんと美しい光景だろう。このような時節はもうすぐだ。
あなたと私が一緒に楽しく散策できるかもしれない。もし、あなた
が心がきれいで気高い人でなかったら（あなたが心清く気高い人だ
からこそ）私はどうしてこのように大して緊要でもないことで、あ
なたをお招きなどいたしましょう（私は人生の緊要事でもないこの
ようなことであなたをお招きする）。ですがここには様々な思いが
込められているのです。どうか軽視しないでください。黄蘗（きは
だの木）を運ぶ人たちが通る（私は彼らに頼んでこの手紙を持って
行ってもらう）。一つ一つのことを具体的に記せないことをお許し
下さい。

【注　釈】..
① 　「山中にて裴秀才迪に与ふる書」は『王右丞集』巻十八より選す。王維には
　　藍田（今の陝西藍田県）の輞口に別荘があるが、輞水が別荘を繞って流れてお
　　り、風景は極めて美しい。王維はよく裴迪などの人びととその中で遊び、詩を
　　賦して酬答して楽しんだ。　与：与える。　裴迪（716～?）：関中の人。王維
　　の友人。唱和詩が『輞川集』に収められている。　秀才：読書人（知識人）に
　　対する通称。科挙受験者。唐代、進士の試験を受けてまだ及第しない人を秀才
　　と称した。
② 　王維（701～761）：字は摩詰。太原の祁（今の山西祁県）の人。二十一歳で
　　進士の試験に合格し、大楽丞に任じたが、後に済州司倉参軍に左遷された。張
　　九齢が執政の時、右拾遺に抜擢され、その後、監察御史に転任す。安禄山の反

乱が起こるや、反乱軍の捕虜となり、洛陽に送られて偽官に任じたが、反乱平定の後、その弟王縉の八方手を尽くしての救済によって罪を免れた。太子允中に降格され、のちに尚書右丞に転任した。因って世に王右丞と称せられた。彼は唐代傑出の詩人であり、また画を善くし、音律に通じていた。蘇軾は彼を「摩詰の詩を味わえば、詩中に画有り。摩詰の画を観れば画中に詩あり」と称賛した。彼の散文は詩歌に及ばないが、本文はなかなか得がたい佳作である。

③　臘月：陰暦十二月。　　下：月末を示す。

④　景気：風物・気候。

⑤　故山：旧居の山。輞川の別荘にある藍田山中を指す。　　殊可：非常に値打ちがある。　　過：訪問する。遊覧する。

⑥　足下：人に対する敬称。職位や輩行が自分と大差のない人によく用いる。温経：経書を復習する。

⑦　猥：自分の謙称。　　煩：邪魔をする。

⑧　輒便：すなわち。

⑨　憩：休息。感配寺：感化寺に書くべきである。『王右丞集』巻七に「感化寺曇興上人の山院に過る」とあり、巻十二に「游感化寺」とある。なお、『旧唐書』「神秀伝」に、「藍田に化感寺有り」とあることから、感配寺は化感寺の誤りとするテキストもある。

⑩　汔（qì）：修了する。終わる。

⑪　渉：経過する。　　玄：黒色。　　灞：灞水。

⑫　郭：周囲や外部はみな郭と称する。ここでは四方の野原を指す。

⑬　華子岡：輞川の景勝地の一。

⑭　沦漣：微風が川面を吹き、水紋が車輪のまわるように移動していくのを沦という。風が水面を吹き渡って水紋を成すのを漣という。

⑮　上下：上下にきらめく。

⑯　吠声：犬の吠える声。

⑰　舂：米を搗く。

⑱　疏鐘：間隔の長い鐘の音。　　相間：互いに交錯する。

⑲　仄径：狭窄な小路。

⑳　蔓发：旺盛に成長する。

㉑　可望：観賞に値する。

㉒　軽鰷：すばやく泳ぐ鰷魚。軽鯈に作るテキストもある。

㉓　矯：挙げる。ひろげる。

㉔　青皋：水辺の青々とした田地。

㉕　朝雉：早朝の鶏の鳴き声。

㉖　斯之：この（以上に述べた春の景象）時。

㉗　儻能：もし…ならば。相談の意味を含んでいる。

㉘　天机：天性。　　清妙：超俗的で情操高雅の意味。

㉙　是：これ。

㉚　无忽：軽視してはいけない。

㉛　因：＝因为：…により。…のために。　駆：乗せて運ぶ。　黄檗：黄檗の木。
その木材は建築に供する。果実や樹皮はみな薬用となる。

㉜　不一一：一つ一つすべてを書くことはできない。古代、書信の結尾用語。略
して不一ともいう。四庫全書本は「一一」を「二」に作るが誤りである。

㉝　白：同輩の人に陳述するのを白という。

※原典は欽定四庫全書『王右丞集箋注』所収「山中與裴秀才廸書」によった。

右 溪 记①

元 结②

道州③城西百余步,有小溪。南流数十步,合营溪④。水抵⑤两岸,悉皆⑥怪石,攲嵌盘屈⑦,不可名状⑧。清流触石,洄悬激注⑨。佳木异竹⑩,垂阴相荫⑪。

此溪若在山野,则宜逸民退士之所游处⑫;在人间⑬,则可为都邑之胜境⑭,静者之林亭⑮。而置州⑯已来,无人赏爱;徘徊溪上,为之怅然⑰。乃疏凿芜秽⑱,俾为⑲亭宇;植松与桂,兼之香草,以裨形胜⑳。为㉑溪在州右,遂命之曰右溪。刻铭㉒石上,彰示来者㉓。

Yòu xī jì

Yuán Jié

Dào zhōu chéng xī bǎi yú bù, yǒu xiǎo xī。Nán liú shù shí bù, hé yíng xī。Shuǐ dǐ liǎng àn, xī jiē guài shí, qī qiàn pán qū, bù kě míng zhuàng。Qīng liú chù shí, huí xuán jī zhù。Jiā mù yì zhú, chuí yīn xiāng yìn。

Cǐ xī ruò zài shān yě, zé yí yì mín tuì shì zhī suǒ yóu chù; zài rén jiān, zé kě wéi dū yì zhī shèng jìng, jìng zhě zhī lín tíng。Ér zhì zhōu yǐ lái, wú rén shǎng ài; pái huái xī shàng, wèi zhī

chàng rán。 Nǎi shū záo wú huì， bǐ wèi nǎi tíng yǔ；Zhí sōng yǔ
guì， jiān zhī xiāng cǎo， yǐ bì xíng shèng。 Wèi xī zài zhōu yòu，
suì mìng zhī yuē Yòu xī。 Kè míng shí shàng， zhāng shì lái zhě。

　道州（湖南省道県）の町から西へ百余歩（※一歩＝五尺）のところに小さな川があり、南へ十歩くらい行くと営渓に合流する。川の両岸は奇怪な形をした石ばかりである。どれも曲がりくねり、極めて不規則である。それらの形を描くのは大変困難である。清らかな流れはこれらの石を打ち、ぐるぐる回ったり、上下にはねたりしながら激しく流れる（それらの有様は形容しきれない）。地上に影を落とす美しい木々と様々な珍しい姿の竹は、陰影を生み出し、隙間なく生えて、互いを遮蔽している。

　この渓水がもし山野にあれば、世を逃れて隠居した人や定年で引退した人たちの風景鑑賞の遊び場となるだろう。賑やかな地域ではそれなりのきわめて奇怪な美しさとなるが、静謐を好む人たちはここで木を植えて亭を建てる。しかし州府を設置されてからはここを好んで遊ぶ人たちがいなくなった。私は渓水の岸を徘徊しながら、心中いささか失望を禁じ得なかった。そこで荒れ果てて叢生した雑草を取り除いて整地し、亭や家屋を修築し、松や桂樹及び芳香を発する草を植えて、この地の環境の幽美さを倍増させた。渓流は町の右側にあるので、右渓と名づけた。同時に何度も改築し、名文を石の上に刻み、後世の人たちにそのことをはっきりと伝えている。

• 右 溪 記 •

【注 釈】

① 元結はかつて二度道州刺史となったが、最初は唐の代宗の広徳元年（763）より永泰元年（765）であり、二度目は大暦元年（766）より三年（768）である。本文は道州刺史に任じていた時の作であろうか。文章は主として溪川・泉石の幽趣やその命名の過程を描写している。清代の呉汝綸はこの文を評して「次山、山水を放恣にして、実に子厚（柳宗元）の先声を開く。文字幽眇にして芳潔、また能く自ら境趣を成す」といっている。

② 元結（719～772）：字（あざな）は次山。唐代、河南府（今の河南洛陽）の人。天宝十三年（754）の進士。安禄山の反乱を平定するにあたって戦功を立てて道州刺史に任ぜられた。彼は詩歌と散文を得意としたが、その詩の多くは人民の疾苦を反映していて素朴簡淡、その真摯さは、人の心を感動せしめる。散文は韓・柳（韓愈・柳宗元）の先駆を為すものである。欧陽脩はかつて彼の散文は「筆力雄健・意気超抜」の特色を具有していると賞賛した。

③ 道州：唐代には江南西道に属し、今日では湖南省道県となっている。源を湖南省寧遠県に発し、道県を経て北流し、零陵県に至って湘水に流入している。

④ 合：合流する。　営溪：即ち営水。

⑤ 抵：到達する。

⑥ 悉皆：すべて。どれもこれも。みな。

⑦ 欹：俗に欲と書く。傾く。いびつである。　嵌：くぼむ。へこむ。　盤屈：盤曲と書くこともある。迂回曲折の意。ここでは石の形が非常に変化に富んでいることを形容している。

⑧ 名状：ともに動詞として用いている。　名：言い表す。　状：形容する。

⑨ 洄：ぐるぐる回る。　懸：かかる。つるす。水が激しく流れ落ちるさまを形容している。　激注：激しく流れ注ぐこと。

⑩ 佳木：美好な木。　異竹：奇妙な竹。珍しい姿の竹。

⑪ 垂陰：地面に倒影した樹の陰。　蔭：遮蔽する。

⑫ 宜：当然…（すべき）である。　逸民退士：ともに官を棄てて引退した人。処：居所。

⑬ 人間：人家がたてこんでいる場所。

⑭ 都邑：まち。　胜境：美しい環境。

⑮ 静者：静かさを好む人。　林亭：ともに動詞。木を植え亭を建てる。

⑯ 置州：州府を設置する。道州州府は、唐代高祖の武徳四年（612）営州に設置し、後に改めて道州に設けた。

⑰ 怅然：失意の様子。

⑱ 乃：そこで。　疏凿芜秽：荒れ果てて叢生した雑草をきれいに取り除く。

⑲ 俾：…させる。

⑳ 裨：増やす。　形胜：景色の美しいこと。

㉑ 为：…により。…のために。

25

㉒　銘：器物上に事実・功績や徳行などを記述した文。
㉓　彰：明白に。　示：示す。　来者：後世の人。

※原典は欽定四庫全書『文苑英華』所収「右渓記」によった。

始得西山宴游记①

柳 宗 元②

自余为僇人③，居是④州，恒惴慄⑤。其隟⑥也，则施施⑦而行，漫漫⑧而游。日与其徒⑨上高山，入深林，穷⑩回溪；幽泉⑪怪石，无远不到。到则披草⑫而坐，倾壶而醉，醉则更⑬相枕以卧，卧而梦。意有所极⑭，梦亦同趣。觉而起，起而归。以为凡是州之山有异态⑮者，皆我有也，而未始知西山之怪特。

今年⑯九月二十八日，因坐法华西亭⑰，望西山，始指异⑱之。遂命仆人过湘江⑲，缘染溪⑳，斫榛莽㉑，焚茅茷㉒，穷山之高㉓而止。攀援而登，箕踞而遨㉔，则凡数州之土壤，皆在衽㉕席之下。其高下之势，岈然洼然㉖，若垤㉗若穴，尺寸千里㉘，攒蹙㉙累积，莫得遁隐㉚；萦青缭白㉛，外与天际㉜，四望如一。然后知是山之特立，不与培塿㉝为类。悠悠乎与颢气俱㉞，而莫得其涯㉟；洋洋乎与造物者㊱游，而不知其所穷。引觞㊲满酌，颓然㊳就醉，不知日之入，苍然暮色，自远而至，至无所见，而犹不欲归。心凝形释㊴，与万化冥合㊵。然后知吾向之未始㊶游，游於是乎始，故为之文以志。是岁元和四年㊷也。

Shǐ dé Xī shān yàn yóu jì

Liǔ Zōngyuán

Zì Yú wéi lù rén, jū shì zhōu, héng zhuì lì。 Qí xì yě, zé yí yí ér xíng, màn màn ér yóu。 Rì yǔ qí tú shàng gāo shān, rù shēn lín, qióng huí xī ;yōu quán guài shí, wú yuǎn bú dào。 Dào zé pī cǎo ér zuò, qīng hú ér zuì, zuì zé gēng xiāng zhěn yǐ wò, wò ér mèng。 Yì yǒu suǒ jí, mèng yì tóng qù。 Jué ér qǐ, qǐ ér guī。 Yǐ wéi fán shì zhōu zhī shān yǒu yì tài zhě, jiē wǒ yǒu yě, ér wèi shǐ zhī Xī shān zhī guài tè。

Jīn nián jiǔ yuè èr shí bā rì, yīn zuò Fǎ huá xī tíng, wàng Xī shān, shǐ zhǐ yì zhī。 Suì mìng pú rén guò Xiāng jiāng, yuán rǎn xī, zhuó zhēn mǎng, fèn máo fèi, qióng shān zhī gāo ér zhǐ。 Pān yuán ér dēng, jī jù ér áo, zé fán shù zhōu zhī tǔ rǎng, jiē zài rèn xí zhī xià。 Qí gāo xià zhī shì, xiā rán wā rán, ruò dié ruò xué, chǐ cùn qiān lǐ, cuán cù lěi jī, mò dé dùn yǐn; yíng qīng liáo bái, wài yǔ tiān jì, sì wàng rú yī。 Rán hòu zhī shì shān zhī tè lì, bù yǔ pǒu lǒu wéi lèi。 Yōu yōu hū yǔ hào qì jù, ér mò dé qí yá ; yáng yáng hū yǔ zào wù zhě yóu, ér bù zhī qí suǒ qióng。 Yǐn shāng mǎn zhuó, tuí rán jiù zuì, bù zhī rì zhī rù, cāng rán mù sè, zì yuǎn ér zhì, zhì wú suǒ jiàn, ér yóu bù yù guī。 Xīn níng xíng shì, yǔ wàn huà míng hé。 Rán hòu zhī wú xiàng zhī wèi shǐ yóu, yóu yú shì hū shǐ, gù wèi zhī wén yǐ zhì。 Shì suì Yuán hé sì nián yě。

始得西山宴游記

私は左遷されてから、すぐにこの永州の地に住んだのだが、いつも心に不安を抱いていた。暇な時には散歩に出かけ、ゆっくりと歩きながらいつまでも遊び回った。よく仲間たちと高い山に登って密林をくぐりぬけ、曲がりくねった渓谷に着くと、奥深く静かな泉や奇怪な石を捜し歩いたものだ。そこまでの路のりがどんなに遠くても行かずにはおられなかった。その地に到着すると、すぐに野草を圧し倒して作った席に腰を下ろし、壺の中の美酒を飲み干す。酔いが回ると仲間と共に深い眠りにつく。夢の境地に入ると、心で考えていることが夢の中にも現れて、実に面白い。目が醒めると起き上がって町へ戻る。永州の山の中には奇妙な独特の景観があり、すべてが私の所有である。しかしながら西山では何が奇異で特別なのか、ずっと分からなかった。

今年の九月二十八日の当日、法華寺の西側の小さな亭で座って西側のはるか遠方を眺めると、西山が見えた。それから山の風物が見え始め、それらの奇妙さを感じたのである。そこで召使いを連れて湘江を渡り、染渓に沿って木々を切り倒し、生い繁っている野草を燃やし、道路を切り開き、山の頂上まで行ってようやく停止する。手や足を使って山の頂上まで登ると、両足を伸ばし、ゆったりと腰を下ろして休息し、ずっと遠くの方を眺めて、心ゆくまで周囲の景色を観賞した。いくつかの町並みが、すべて我々の席の下方に見える。高低起伏の山間の地形は深くて測りづらいところがあり、あるところは窪地になっていて、まるでアリ穴の外側の土が盛り上がっているように見え、洞窟のようでもある。せまい視野の中には、千里はるか遠くの景色も含まれ、それが一箇所に集まっているが、全

部は隠れて見えない。青い山々の峰峰を、澄んだ川の水が相互にぐるりと囲みつながっている。空ともつながり、周囲の景色はすべて同じように見える。そこでようやくこの西山の特殊さが分かり、それは普通の土の丘とは異なっている。空は広々としてまるで雄大な宇宙と一体化し、境目がなくふんわりと思うままに天と地の間を漂っているようで、尽きるところを知らない。盃を取って美酒を一杯に注ぎ、陶然として酒に酔えば、太陽が山に沈もうとしていることにも気づかない。青くて灰色の黄昏の光が遠くから迫り、そのまま何も見えなくなっても、まだ帰りたくない。気持ちをひっそりとくつろがせ、大自然の万物と心身ともに一つになると、ようやく私はこれまでこんなものを見たことがなく、始めて見物といえる経験をしたことを知る。そこでこの文章を記して記念とした。この年は元和四年であった。

【注　釈】

① 『永州八記』は唐代の柳宗元の山水游記の代表作である。本文はその中の第一篇である。この他の七篇は『鈷鉧潭記』・『鈷鉧潭西小丘記』・『至小丘西小石潭記』・『袁家渇記』・『石渠記』・『石澗記』・『小石城山記』である。これらの游記は、作者が順宗の永貞元年（805）、永州司馬に左遷されて以後に書かれたものである。作者は山水の遊覧に借りて謫居生活の苦悶を晴らしている。本文は作者が西山の景勝地を発見し宴游した過程を記述するとともに、山河の景色の美しさを描写することを通じて、作者の孤独と寂寞の心情を表現したものである。

② 柳宗元（773～819）：唐代の文学家・哲学家。字は子厚。河東（今の山西永済県）の人、貞元の進士。劉禹錫等と革新政治を主張する王叔文の集団に参加したが、失敗の後、永州司馬に左遷され、後に柳州刺史に遷されたが、少数民族と親しみ、すこぶる政治実績を挙げた。世に柳柳州と称せられる。また韓愈と古文運動を唱導して、韓柳と並称され、唐宋八大家の一人とされる。彼の散文は雄健で力に満ち満ちており、韓愈の雄渾とは異なる。彼の諷刺性寓言もま

た甚だ特色がある。彼の山水游記は古今の文壇に栄誉を享けるものである。著書に『河東先生集』等がある。

③　僇人：罪人。ここでは左遷された人を指す。

④　是：この。

⑤　恒：いつも。常に。　惴栗：＝惴慄：心配し恐れる。

⑥　隟：隙と同じ。空いている暇な時を指す。

⑦　施施（yí）：従容（ゆったりと落ち着いたさま）。ゆるやかである。

⑧　漫漫：はてしがない。際限がない。

⑨　其徒：自分の同伴者を指す。

⑩　穷：尽くす。探訪し尽くすことを指す。

⑪　幽泉：奥深くて静かな泉水。

⑫　披草：草を圧し倒す。

⑬　更：かわるがわる。こもごも。

⑭　极：考えつくこと。想い到ること。

⑮　异态：胜态に作るテキストもある。普通でない形状。変わった姿。

⑯　今年：元和四年、即ち西暦809年。

⑰　法华：寺の名。零陵県城の東にある山。　西亭：法華寺中の亭。作者が建立した。

⑱　指：指摘する。　异：奇特。

⑲　湘江：広西に源して湖南に流入する。

⑳　缘：沿って。　染溪：冉溪とも名づける。零陵県の西南に在る。

㉑　斫：刀や斧などを用いて伐る。　榛：群生した荊棘（いばら）。　莽：密生した野草。

㉒　茅茷（fèi）：ちがや。　茷（fèi）：草の葉の多いさま。

㉓　穷山之高：山の最も高い処まで登る。

㉔　箕踞：坐った時に両足を開いて伸ばし、その形が簸箕（とうみ）に似ているさま。ここでは舒びやかな姿態を指す。　遨：物見遊山をする。心ゆくまで賞玩する意味がある。

㉕　衽：（寝具としての）むしろ。しとね。ねござ。

㉖　岈（xiā）然：山の深いさま。　洼然：凹んださま。

㉗　垤：蟻の穴の外側の土の盛りあがった所。蟻塚。

㉘　尺寸千里：短い視線の（とどく範囲の）中に千里の遙かな景象を包容していること。

㉙　攒（cuán）：あつまる。あつめる。　蹙：収縮する。

㉚　遁隐：隠れて見えない。

㉛　萦・缭：ともにまつわるの意味。　青：山を指す。　白：水を指す。

㉜　外与天际：外面は天の果てと連なっている。外は水に作るテキストもある。

㉝　培塿（pǒu lǒu）：小さい塚。

㉞　悠悠乎：はるかに遠いさま。　　顥：昊と同じ。上天のこと。　　倶：…ととも
　　にありて。
㉟　涯：はて。
㊱　造物者：天のこと。古代は万物は天が造ったと考えられていたので、このよ
　　うにいう。一説では大自然であるとする。
㊲　觴：酒杯。
㊳　頽然：酒を飲んで酔ったさま。
㊴　心凝：精神専一の意。　　形：形体。　　釈：束縛を解く。
㊵　万化：大自然界の多くの生物。　　冥合：合して一体化する。
㊶　未始：未だ曽て。
㊷　元和四年：西暦809年。

※原典は欽定四庫全書『文苑英華巻八百二十三』所収「始得西山宴遊記」によっ
　　た。

钴 鉧 潭 记①

柳宗元

钴鉧潭，在西山西②。其始盖冉水③自南奔注，抵④山石，屈折东流；其颠委势峻⑤，荡击益暴⑥，啮⑦其涯，故旁广而中深，毕至石乃⑧止；流沫成轮⑨，然后徐行⑩。其清而平者，且⑪十亩余。有树环焉⑫，有泉悬⑬焉。

其上有居者⑭，以予之亟⑮游也，一旦⑯款门来告曰："不胜官租、私券之委积⑰，既芟山而更居⑱，愿以潭上田贸财以缓祸⑲。"

予乐而如其言⑳。则崇㉑其台，延其槛㉒，行㉓其泉于高者而坠之潭，有声潀然㉔。尤与中秋观月为宜㉕，於以见天之高，气之迥㉖。孰㉗使予乐居夷而忘故土者，非兹㉘潭也欤？

Gū mǔ tán jì

Liǔ Zōngyuán

Gǔ mǔ tán, zài Xī shān xī。Qí shǐ gài Rǎn shuǐ zì nán bēn zhù, dǐ shān shí, qū zhé dōng liú；qí diān wěi shì jùn, dàng jī yì bào, niè qí yá, gù páng guǎng ér zhōng shēn, bì zhì shí nǎi zhǐ；liú mò chéng lún, rán hòu xú xíng。Qí qīng ér píng zhě, qiě shí mǔ yú。Yǒu shù huán yān, yǒu quán xuán yān。

Qí shàng yǒu jū zhě, yǐ yǔ zhī qì yóu yě, yī dàn kuǎn mén lái gào yuē :"Bù shèng guān zū、sī quàn zhī wěi jī, jì shān shān ér gēng jū, yuàn yǐ tán shàng tián mào cái yǐ huǎn huò."

Yǔ lè ér rú qí yán. Zé chóng qí tái, yán qí jiàn, xíng qí quán yú gāo zhě ér zhuì zhī tán, yǒu shēng cóng rán. Yóu yǔ zhōng qiū guān yuè wéi yí, yú yǐ jiàn tiān zhī gāo, qì zhī jiǒng.

Shú shǐ yú lè jū yí ér wàng gù tǔ zhě, fēi zī tán yě yú?

　　鈷鉧潭は西山の西に在り、その源流は冉溪が南から奔流となって下り、山石に当たって曲がりながら東へと流れる。冉溪は屈折して落差は極めて大きく、水の流れは急で、勢いは激しい上にも更に凶暴である。急流が岸辺を浸蝕するため、水のたまった周囲は広々としており、その中心部はかなり深い。急流はやがて山石にせき止められてようやく収まる。水流からはね上がった泡は旋回して丸い波紋を描いてからゆったりと流れる。澄んで静かな水面は十畝（一ムー＝六六六・七平方メートル）余りだろうか。各種の樹木は潭の周りをぐるぐる回り、泉の水は高いところから潭へと流れ込む。

　　潭の上には住居がある。私はかつて何度もこの地に遊んだことがあるが、或る日彼らは我が家の門を叩いて次のように語った。「私たちは長年にわたり、役所の租税と金持ちからの債務に圧迫されている。今は山の荒れ地を耕して、種をまきそこに移り住んでいるのだが、潭の上の土地をあなたに売りたいと思う。少しばかりでもお金を得ることができれば苦しみを軽減することができるだろうから。」と。

＝ 钴鉧潭记 ＝

　　私は喜んで彼らに応じ、彼らが示した土地を買って、そこに高い
土台を加え、欄干を延ばし、同時に高所から水を潭へ引き込むと、
サラサラという水の音がした。とりわけ中秋の夜は潭のほとりで月
見をするのに最適だ。遙かな晴天を仰ぎ、清らかな空気を吸うこと
ができるのである。何が私を少数民族の地に留めるのか。私に癒や
しの時間を与え、長安の一切を忘れさせてくれるのが他ならぬこの
钴鉧潭だからだ。

【注　釈】……………………………………………………………………
①　本文は『永州八記』より選す。钴鉧（gǔ mǔ）潭の位置・形状及び周囲の環
　　境・風物の美しさを描写し、当地の人民の生活の「官租（税金）」、「私券（負
　　債証文）」下における痛苦を叙述し、最後に結尾部において心中の憂悶を点綴
　　している。思いを山河に托するさまは、一見淡白に見えるが、その実は激憤溢
　　れるものである。
②　西山：永州城の西　五里　瀟江のあたりにある。
③　蓋：昔の人は、前文を受けて原因を説明したり解釈したりするときに常用し
　　た。　冉水：即ち冉溪、また愚溪とも称する。瀟江の支流。
④　抵：ぶつかる。
⑤　颠委：首尾のこと。冉水の上流下流を指す。　勢峻：上流下流の水位の落差
　　がやや大きいので、水勢が激しい。
⑥　荡击：烈しく突きあたる。　益：ますます。　暴：猛烈。
⑦　啮：ここでは、烈しく突きあたる・浸蝕する意味。
⑧　毕：最後に。　乃：やっと。
⑨　流沫：水流の泡沫。　轮：渦巻いて輪のようであること。
⑩　徐行：ゆったりと流れる。
⑪　清而平：清澄にして平静。　且：まさに。
⑪　环焉：潭の周囲をめぐる。　焉：代名詞。
⑬　悬：上から下に向かってかかる。
⑭　居者：居住している人。
⑮　亟：しばしば。
⑯　一旦：ある日。　款門：門をたたく。訪れる。
⑰　不胜：耐えきれない。負担できかねる。　官租：役所の税金。　私券：私人
　　の債券・債務。　委積：とどこおる。たまる。積み重なる。

35

⑱　既：すでに。　芟山：山の草木を除去する。　更居：転居。

⑲　願：希望する。…したいと願う。　貿財：金銭に換える。　緩禍：災禍を軽
減する。

⑳　如其言：彼の話の通りに処理する。

㉑　崇：高くする。

㉒　延：延長する。　檻：欄干。

㉓　行：ここでは引き入れるの意味を指す。

㉔　潨（cóng）然：水流が淵に注ぎ入る。サラサラという響き。

㉕　尤：特に。　与：以って。　宜：適当である。具合がよい。

㉖　迥：はるかに遠い。大気が清んでいてはじめてはるかに望み観ることができ
る。故に空気の清爽であることを指す。

㉗　孰：誰。何。　夷：少数民族。古代、南方の少数民族の居住地区を「蛮夷
の郷」と称した。　故土：もとの処。故郷。ここでは唐代の都であった長安を
指している。

㉘　茲：この。これ。　欤：句末の助詞。疑問を表す。吗に相当する。

※原典は欽定四庫全書『文苑英華巻八百二十三』所収「鈷鉧潭記」によった。

北　宋　時　代

960年～1127年

武昌九曲亭记①

苏 辙

子瞻迁於齐安，庐於江上。齐安无名山，而江之南武昌诸山②。陂陁③蔓延。涧谷深密④，中有浮图精舍⑤。西曰西山，东曰寒溪，依山临壑。隐蔽松枥，萧然绝俗⑥，车马之迹不至。每风止日出，江水伏息⑦，子瞻杖策载酒⑧，乘渔舟乱流⑨而南。山中有二三子，好客而喜游。闻子瞻至，幅巾⑩迎笑。相携徜徉⑪而止，穷山⑫之深。力极而息。扫叶席草⑬。酌酒相劳，意适⑭忘反，往往留宿於山上。以此⑮居济安三年，不知其久也。

然将适⑯西山，行於松柏之间，羊肠九曲而获小⑰平。游者至此必息⑱，倚怪石，荫茂木⑲。俯视大江，仰瞻⑳陵阜，旁瞩溪谷。风云变化，林麓向背㉑，皆效㉒於左右。有废亭焉，其遗址甚狭，不足以席㉓众客。其旁古木数十。其大皆百围千尺㉔。不可加以斤斧。子瞻每至其下，辄睥睨㉕终日。一旦大风雷雨，拔去其一。斥其所据㉖，亭得以广。子瞻与客入山视之，笑曰："兹欲㉗以成吾亭耶！"遂相与营㉘之。亭成而西山之胜始具㉙，子瞻於是最乐。

昔余少年，从子瞻游。有山可登，有水可浮，子瞻未始不褰裳㉚先之。有不得至，为之怅然移日㉛。至其翩然㉜独往。

逍遥㉝泉石之上，撷林卉。拾涧实㉞，酌水而饮之。见者以为仙也。盖天下之乐无穷，而以适㉟意为悦。方其得意，万物无以易㊱之。及其既厌㊲，未有不洒然自笑者也。譬之饮食，杂陈於前，要之一饱，而同委㊳於臭腐，夫孰㊴知得失之所在？惟其无愧於中，无责於外，而姑寓㊵焉。此子瞻之所以有乐於是㊶也。

Wǔ chāng jiǔ qū tíng jì

Sū Zhé

Zǐ zhān qiān yú Qí ān, lú yú jiāng shàng。Qí ān wú míng shān, ér jiāng zhī nán Wǔ chāng zhū shān。Pō tuó màn yán。Jiàn gǔ shēn mì, zhōng yǒu fú tú jīng shě。Xī yuē Xī shān, dōng yuē Hán xī, yī shān lín hè。Yǐn bì sōng lì, xiāo rán jué sú, chē mǎ zhī jì bù zhì。Měi fēng zhǐ rì chū, jiāng shuǐ fú xī, Zǐ zhān zhàng cè zài jiǔ, chéng yú zhōu luàn liú ér nán。Shān zhōng yǒu èr sān zǐ, hào kè ér xǐ yóu。Wén Zǐ zhān zhì, fú jīn yíng xiào。Xiāng zuì cháng yáng ér zhǐ, qióng shān zhī shēn。Lì jí ér xī。Sǎo yè xí cǎo。Zhuó jiǔ xiāng láo, yì shì wàng fǎn, wǎng wǎng liú sù yú shān shàng。Yǐ cǐ jū Jǐ ān sān nián, bù zhī qí jiǔ yě。

Rán jiāng shì Xī shān, xíng yú sōng bǎi zhī jiān, yáng cháng jiǔ qǔ ér huò xiǎo píng。Yóu zhě zhì cǐ bì xī, yǐ guài shí, yīn mào mù。Fǔ shì dà jiāng, yǎng zhān líng fù, páng zhǔ xī gǔ。Fēng yún biàn huà, Lín lù xiàng bēi, jiē xiào yú zuǒ yòu。Yǒu fèi tíng yān, qí yí zhǐ shèn xiá, bù zú yǐ xí zhòng kè。Qí páng gǔ mù shù shí。Qí dà jiē bǎi wéi qiān chǐ。Bù kě jiā yǐ jīn fǔ。Zǐ zhān měi zhì qí xià, zhé pì nì zhōng rì。Yī dàn dà fēng léi yǔ, bá qù qí yī。Chì qí suǒ jù, tíng dé yǐ guǎng。Zǐ zhān yǔ kè rù shān shì zhī, xiào yuē:"Zī yù yǐ chéng wú tíng yé!"Suì xiāng yǔ yíng zhī。Tíng chéng ér Xī shān zhī shèng shǐ jù, Zǐ zhān yú shì zuì lè。

　　Xī yú shào nián, cóng Zǐ zhān yóu。Yǒu shān kě dēng, yǒu shuǐ kě fú, Zǐ zhān wèi shǐ bù qiān shāng xiān zhī。Yǒu bù dé zhì, wèi zhī chàng rán yí rì。Zhì qí piān rán dú wǎng。Xiāo yáo quán shí zhī shàng, xié lín huì。Shí jiàn shí, zhuó shuǐ ér yǐn zhī。Jiàn zhě yǐ wéi xiān yě。Gài tiān xià zhī lè wú qióng, ér yǐ shì yì wéi yuè。Fāng qí dé yì, wàn wù wú yǐ yì zhī。Jí qí jì yàn, wèi yǒu bù sǎ rán zì xiào zhě yě。Pì zhī yǐn shí, zá chén yú qián, yào zhī yī bǎo, ér tóng wěi yú chòu fǔ。Fū shú zhī dé shī zhī suǒ zài?Wéi qí wú kuì yú zhōng, wú zé yú wài, ér gū yù yān。Cǐ Zǐ zhān zhī suǒ yǐ yǒu lè yú shì yě。

蘇軾は黄岡に移ってから、すぐに川のほとりで草の小屋を住まいにした。黄岡は有名な山峰ではないが、長江の南岸にある武昌の連山だ。高い山や低い山が延々と続いている。谷川は奥深く、山には宝塔と寺院がある。西側に西山寺、東側に寒谿寺、背後には青々とした山が聳えている。正面は深い谷と松林に覆われ、極めて静かである。俗世界から隔離され、これまで馬車も来たことがない、風が止んで日が上り、河水がゆっくりと静かに流れる頃、蘇軾は竹の枝を杖に酒を持参、漁船に乗って河を横断し遊覧のため南岸に行く。

山には二、三人の人がいて、彼らは接客を喜び、その上山水を好んでいる人たちだ。蘇軾がやって来たと聞いてすぐに布で頭を包み、喜んで笑顔で迎えてくれた。互いに木（の棒）をつきつつゆっくりと山を登り、最も深いところまでまっすぐ歩を進めていくと、体力を使い果たして休憩となる。落ち葉をきれいに掃き、地面に直に腰を下ろすのだ。互いに水をつぎ合って労をねぎらっていると、心が静まり帰宅するのを忘れ、ややもすれば山に留まって住みたくなる。結局彼は黄岡で三年も住み、時間の長さなんて感じなかった。

　彼が西山遊覧に行ったときには、松柏の中を歩いていると、山道は極めて狭く曲がりくねっていたが、途中で小さな平地を見つけた。山に遊ぶ人はここまで来ると必ず足を止めて休憩し、奇怪な石にもたれ、木の枝が繁茂する木陰で涼む。大きな河を見下ろし、高山を仰ぎ見、渓谷を鑑賞するのだ。世の中の動きは様々に変化し、山の麓の林、旅人と向かい合っているもの、旅人を背にしているもの、いろいろな景色が次々と旅人の左右に展開する。すでに壊れ朽ちた山の東屋は、とても狭くて規模も小さく、多くの見物客を収容することが出来ない。その横には数十本の大木がある。幹は太くて丈夫で、木の枝は雲にまで届きそうな高さである。斧で伐採することなど出来ない。蘇軾はいつも樹下にやって来て、この附近を細かく観察し丸一日を過ごす。ある日のこと、大きな風が吹いて雷雨が発生し、一本の大きな木が風で倒されてしまった。その木が倒れたところを修復すれば、東屋を大きく広げることが出来る。蘇軾は友人たちと山に入ってこの状況を見ると、笑顔になり「これは我々が建設を成功させなければいけない東屋だよ」と言った。そこで彼はすぐ

に友人たちと共同で建設に取りかかった。東屋が建てられると、西山の素晴らしい景色はようやく完成し、蘇軾の喜びも最高潮に達した。

　以前私が少年だった頃、蘇軾について見学したことがある。山があれば登り、川があれば渡り、その間彼は一度も服やズボンをまくり上げたり前方を歩いたりすることはなかった。到着できないところがあると、彼はいつも残念がり、一両日は内心不愉快な思いをしていたらしい。到着可能なところには彼はいつも一人で喜んで出向いた。泉で山で彼は自由自在に何の拘束も受けることなく、林の中の草花を摘んだりした。山洞の中の果実を拾い、泉の水を心ゆくまで飲んだ。彼のこのような様子を見た人たちは、みな彼のことを仙人だと思ったらしい。世の中の楽しみは尽きることがなく、自分の気持ちのままに生きるのが最も愉しいことである。彼が夢中になることは、何物をもっても替え難い。満足を感じると、彼はそれ以前の自身の馬鹿さ加減に驚嘆するのだ。これは飲食と同じで、美しい料理が目の前に置かれると腹一杯食べ、最後には腐って悪臭のする食べ物に向き合うのと同じになってしまい、とどのつまりは捨てることになるのだ。手に入れたものと失ったものがどこにあるか分からず、結局はそれらを捨てることになる。心に恥じることがなく、外部から非難を受けることもなければ、しばらく自分の思い通りにするのも良いだろう。蘇軾の愉しみもそこにある。

【注　釈】……………………………………………………………………
①　文章は『欒城集』より選した。『黄州快哉亭記』の姉妹篇である。黄州に左遷された蘇軾をなだめ慰めるために作られたものなので、「適意を以て楽しみ

と為す」、「物を以て性を傷わず」を強調している。文章は言語明快、條理清淅。写景細微、叙述暢達である。また、写景叙述より自然に論論に転入し、婉曲かつ悠達に描写されていて余韻窮まりなく、人の思索に耐えるものである。

② 武昌：今の湖北鄂城県。　諸山：群山。

③ 陂陁：高低起伏のある山勢を形容する。

④ 深密：谷川の奥深くて色濃く立ちこめていることを指す。

⑤ 浮図：梵語。通常は寺廟や佛塔を指す。　精舎：佛寺。

⑥ 臨：直面する。　蕭然：静かな様子。　絶俗：世俗と隔絶する。

⑦ 毎：…となるごとに。　伏息：長江の流れの緩慢で静かであることを形容する。

⑧ 杖策：竹の杖をついて。　載酒：酒を持って。

⑨ 乱流：長江の流れを断ち切る。横切るの意味。

⑩ 幅巾：細長い布。帽子をかぶらず、布で頭を裹む。世俗の礼儀に拘われず、功名に淡白であることを表す。

⑪ 相樛：互いに木（の棒）をつきつつ。　徜徉：漫歩（そぞろ歩き）、徘徊（うろつく）する。

⑫ 穷山：山の最も奥深い所まで行く。

⑬ 席草：草原に座る。

⑭ 意适：気持ちが伸び伸びして快適であること。

⑮ 以此：これによって。このために。蘇軾が黄州に謫居していたのは、元豊三年より七年の間、前後五年間である。此処に三年と述べているので、この文章は元豊五年即ち西暦1082年に作られたことが分かる。

⑯ 然：しかしながら。　适：行く。

⑰ 羊肠九曲：山道が狭くて弯曲していることを形容する。　小：小さい。

⑱ 息：休息する。

⑲ 倚：寄り添って。　荫：樹木の蔭。此処では動詞。　茂木：枝葉の繁茂した樹木。

⑳ 陵阜：低い土を盛り上げた小山。　瞩：見る。望み見る。

㉑ 麓：ふもと。　向：面と向かう。　背：背にする。背後ろにする。

㉒ 效：献上する。此処では推し広めて、展開する・呈する、の意で用いている。

㉓ 席：坐る。動詞として用いている。

㉔ 围：一抱えある太さ。　百围：樹木の太さを誇張している。　千尺：樹木の高くて大きいことを誇張している。

㉕ 辄：…するたびごとに。往々にして。　睥睨：横目で見るさま。常にある種のものを取得しようとする気持ちのあることを示す。此処では蘇軾がここを利用してその範囲を拡張し、亭を建てて遊覧鑑賞に供しようと考えていることを指す。

㉖ 拔：風に吹き倒されることを指す。　斥：開拓する。　据：風に吹き倒され

た老樹が占据している処を指す。

㉗　茲：这（これ）。　欲：要（…しようとする）。

㉘　遂：於是（そこで）。　営：建造する。建築する。

㉙　具：具備している。完備している。

㉚　褰：持ち上げる。まくる。　裳：下衣（古代のスカート状の着物）。ズボン。

㉛　怅然：内心不愉快な様子。　移日：日が改まって翌日になる。

㉜　至：到達できる所。　翩然：喜ぶ様子。　独：一人。

㉝　逍遥：自由自在で拘束を受けない。悠々自適。

㉞　擷：摘み取る。　拾：拾い取る。　実：果実。

㉟　适意：気持ちに適合する。

㊱　方：当たる。　易：代わる。

㊲　及：…まで待って。　厌：餍と同じ。腹一杯食べる。推し広めて満足するの
　　意。　洒然：驚嘆する様子。

㊳　要：需要。　委：放棄する。捨てる。

㊴　孰：誰。

㊵　惟：只。　中：内心。　姑：しばらく。暫時。　寓：寄托する。

㊶　是：ここ。これ。

※原典は四部叢刊『欒城集』所収「武昌九曲亭記」によった。

新城游北山记[①]

晁补之[②]

去新城之北三十里，山渐深，草木泉石渐幽。初犹骑行石齿[③]间。旁皆大松。曲者如盖[④]，直者如幢[⑤]。立者如人，卧者如虬[⑥]。松下草间有泉，沮洳[⑦]伏见、堕[⑧]石井，锵[⑨]然而鸣。松间藤数十尺，蜿蜒如大蚓[⑩]。其上有鸟，黑如鸲鹆[⑪]，赤冠长喙[⑫]，俛[⑬]而啄，磔然[⑭]有声。

稍西，一峰高绝。有蹊[⑮]介然，仅可步[⑯]。系马石觜[⑰]，相扶携而上。篁筱[⑱]仰不见日。如[⑲]四五里，乃闻鸡声。有僧布袍蹑履[⑳]来迎。与之语[㉑]，愕[㉒]而顾。如麋鹿不可接[㉓]。顶有屋数十间，曲折依崖壁为栏楯[㉔]。如蜗[㉕]鼠缭绕乃得出。门牖[㉖]相值。既坐，山风飒然而至。堂殿铃铎[㉗]皆鸣、二三子相顾而惊，不知身之在何境也。且莫，皆宿。

於时九月，天高露清，山空月明，仰视星斗皆光大，如适[㉘]在人上。窗间竹数十竿，相摩戛[㉙]，声切切不已。竹间海棕[㉚]，森然如鬼魅离立[㉛]突鬓之状。二三子又相顾魄动而不得寐。迟明[㉜]，皆去。

既还家数日，犹恍惚若有遇，因追记之。后不复到。然往往想见其事也。

Xīn chéng yóu Běi shān jì

Huàng Bǔzhī

Qù Xīn chéng zhī běi sān shí lǐ, shān jiàn shēn, cǎo mù quán shí jiàn yōu。 Chū yóu qí xíng shí chǐ jiān。 Páng jiē dà sōng。 Qǔ zhě rú gài, zhí zhě rú chuáng。 Lì zhě rú rén, wò zhě rú qiú。 Sōng xià cǎo jiān yǒu quán, jù rù fú jiàn、 duò shí jǐng, qiāng rán ér míng。 Sōng jiān téng shù shí chǐ, wān yán rú dà yuán。 Qí shàng yǒu niǎo, hēi rú qú yù, chì guàn cháng huì, fǔ ér zhuó, zhé rán yǒu shēng。

Shāo xī, yī fēng gāo jué。 Yǒu xī jiè rán, jǐn kě bù。 Xì mǎ shí zuǐ, xiāng fú xié ér shàng。

Huáng xiǎo yǎng bù jiàn rì。 Rú sì wǔ lǐ, nǎi wén jī shēng。 Yǒu sēng bù páo niè lǚ lái yíng。

Yǔ zhī yǔ, è ér gù。 Rú mí lù bù kě jiē。 Dǐng yǒu wū shù shí jiān, qū zhé yī yá bì wéi lán shùn。 Rú wō shǔ liáo rào nǎi dé chū。 Mén yǒu xiāng zhí。 Jì zuò, shān fēng sà rán ér zhì。 Táng diàn líng duó jiē míng、 Èr sān zǐ xiāng gù ér jīng, bù zhī shēn zhī zài hé jìng yě。 Qiě mù, jiē sù。

Yú shí jiǔ yuè, tiān gāo lù qīng, shān kōng Yuè míng, yǎng shì xīng dǒu jiē guāng dà, rú shì zài rén shàng。 Chuāng jiān zhú shù shí gān, xiāng mó jiá, shēng qiè qiè bù yǐ。 Zhú jiān hǎi zōng, sēn rán rú guǐ mèi lí lì tū bìn zhī zhuàng。 Èr sān zǐ yòu xiāng gù pò dòng ér bù dé mèi。 Chí míng, jiē qù。

Jì hái jiā shù rì, yóu huǎng hū ruò yǒu yù, yīn zhuī jì zhī。 Hòu bù fù dào。 Rán wǎng wǎng xiǎng jiàn qí shì yě。

新城から北へ三十里行くと、山道はますます深くなり、野草や木々、それに清泉や岩石も一層幽玄の趣を帯びてくる。最初のうちは路面ででこぼこしている石道だが馬に乗って前へ進むことはできる。道の両側は見渡す限り高くて大きい松の木だ。幹が弯曲している木は柄の曲がった大傘のようだし、柄が真っ直ぐで傘の蓋が円筒状になった旗のように見える木もある。人が直立しているように見える木もあるし、まるで二本の角を持つ龍が横たわっているように見える木もある。松の根元の雑草に覆われた泉水には泥土がしみ込み、見え隠れしながら石の井戸に流れ込み、ゴトゴトという音を発している。松の間を縫う野生の藤は数十尺にも育って曲がりくねり、まるで巨大なイモリのようだ。木にとまっている羽の黒い九官鳥のような鳥は、赤い冠と長いくちばしを持ち、頭を低くして木の枝をコツコツとつついている。

両岸から近いところには、空高くそびえる峰が見える。小径は境界がはっきりしており、何とか歩いて行くこともできる。そこで突き出ている石に馬をつなぎ、手を取り合って登った。竹林が密集していて頭を上げても空と太陽を見ることができない。おおよそ四、五里の道を歩くと、ようやく鳥の鳴き声が聞こえる。すると前方から布の服と靴を身につけた和尚が我々を迎え入れるためにやってきた。その和尚に話しかけると、彼は驚いた表情で私たちを見た。麋^び鹿^{ろく}（ヘラジカ）と同じように近づくのは難しそうだ。山には数十軒の家屋があり、手すりは崖の壁に沿って曲がりくねり、人々は歩くのに、カタツムリやネズミのようにくねくねと進み、ようやく通ることができる。家屋は入り混じり、入口や窓は向かい合っている。

腰を下ろすと、一陣の風が吹き、ヒューヒューと音を立てる。殿堂の片隅にある大きな鈴が一斉に鳴り出すと、みな感動して互いに顔を見合わせ、落ち着かない様子だ。黄昏時になると、みな廟での宿泊を決める。

時はまさに九月、空は高くて清々しく露は清く、山は明るく月は煌々と照り、仰ぎ見るとサンサンと輝いてちょうど人の頭のてっぺんのようだ。窓から外を見ると十数本の竹竿が、互いにポンポンと摩擦しその音は停止することがない。竹藪の中の棕櫚の木は、暗い森の中で化け物のように見え恐怖でびん毛が立つほどである。整列をして人々は互いに見つめ合い、驚きのあまり魂をなくしたかのようになって眠れない。夜が明ける頃、全員その廟を離れた。

帰宅して数日経っても、人々はぼんやりして落ち着かず、未だにあの景色をうっとりと眺めているような様子だった。私はあの日見たことを書き留めることにした。その後私たちは二度とあそこには行っていない。しかし今でもよく当時のことを思い出す。

【注 釈】┈┈┈┈┈┈┈┈┈┈┈┈┈┈┈┈┈┈┈┈┈┈┈┈┈┈┈┈┈┈┈┈┈

① 文章は『鶏肋集』巻三十一より選んだ。作者は、風景を描写して極めて緻密かつ生き生きとしている。松林の環境と山寺の形勢に対する描写は、言語明快美麗、段落明晰、就中、山寺の夜間の環境に対する浮き立つがごとき描写は読者の心を跳らせるものがある。もし自分自身その場へ赴かなければ、いかに名文家といえども、このような好文章を著すことはできないであろう。本文は宋代山水紀行文中の佳作と称するに足るものである。　新城：今の浙江新登県。北山：新登県の北三十里に在る。官山ともいう。

② 晁補之（1053～1110）：字は无咎。北宋の文学家。巨野（山東巨野県）の人。十七歳の時、父の晁端有について杭州に移り住み、『七述』の文をもって通判であった蘇軾に謁見し、蘇軾の称賛を得た。「其の文、博辯（物事を博くわきまえて論ずる）にして隽偉（衆人に勝れている）、人に絶すること甚だ遠し（人

並みはずれて勝れている）」と。彼はこの蘇軾の称賛によって名を知られた。元豊年間の進士。哲宗の元祐（1086〜1094）初年、著作郎となり、徽宗の時、礼部員外郎・礼部郎中等の官に任じた。軍事力で北方の失った幽薊十六州を回復することを主張した。後『神宗実録』を編修したことで党派間の争いに関わり、罷免に遭う。晩年は仕官を求めなかった。著書に『鶏肋集』と詞集『晁氏琴趣外篇』がある。

③　**石齒**：突き出した歯のような砕石。ここでは、路面が凸凹の石径を指している。

④　**曲者如盖**：古代の儀式用の大傘。傘の柄が弯曲しているので曲盖と呼ぶ。此処では、松の木の弯曲したさまが、柄の弯曲した大傘のようであることを形容している。

⑤　**幢**：古代の柄が真直ぐで傘の盖が円筒状になったような旗。

⑥　**虬**：みずち。伝説中の二本角のある龍の類の動物。

⑦　**沮洳**：土壌が水に浸潤されたさま。　**伏見**：細流が隠れたり現れたりすることを指す。

⑧　**堕**：落ちる。上から下へ流れ込む。

⑨　**鏘**：擬声語。

⑩　**蚖**：イモリ。ヤモリに似て大きい。

⑪　**鸲鵒**：鸜鵒とも書く。俗に八哥（九官鳥）とも呼ぶ。

⑫　**喙**：鳥のくちばし。

⑬　**俛**：うつむく。俯と同じ。

⑭　**碟然**：鳥の鳴声。鳥が木を啄むときの音を指す。

⑮　**蹊**：小径。　**介然**：境界がはっきりしているさま。

⑯　**可步**：歩いて行くことができる。

⑰　**石觜**：突出した石。觜は嘴と同じ。

⑱　**篁筱**：広く竹林を指す。　**筱**：小さい竹。

⑲　**如**：彷徨（ぶらぶらする）。

⑳　**蹑履**：靴を履く。

㉑　**与之语**：彼と話す。

㉒　**愕**：驚き訝る様子。

㉓　**接**：接近する。

㉔　**栏楯**：欄干。

㉕　**蜗**：蝸牛。全句は、人が曲がった路上を歩く姿が、まるで蝸牛と鼠がくねくねと歩くようであることを形容している。

㉖　**牖**：窓。　**相值**：相対する。全句は、家屋が錯綜して多いことを形容している。

㉗　**铎**：大きな鈴。

㉘　**适**：ちょうど。ちょうどいいあんばいである。

㉙　**摩戛**：互いに摩擦しぶつかり合う。

㉚　**海棕**：棕櫚の木。海はある本では梅と書いている。

㉛ **离立**：列んで立つ。　**突鬢**：鬢髪（びんの毛）が立つ。
㉜ **迟明**：夜が明けようとしている時。

※原典は四部叢刊所収『鶏肋集』によった。

南 宋 時 代

1127年～1279年

入 蜀 记[①]

陆 游[②]

八日，五鼓尽，解船，过下牢关。夹江千峰万嶂，有竞起[③]者，有独拔[④]者，有崩欲压[⑤]者，有危[⑥]欲坠者，有横裂者，有直坼[⑦]者，有凸者，有洼[⑧]者，有嵲[⑨]者，奇怪不可尽状。初冬草木皆青苍不雕，西望重山如阙[⑩]，江出其间，则所谓下牢谿也。欧阳文忠公有《下牢津》诗云："入峡山渐曲，转滩山更多"，即此也。系船与诸子及证师[⑪]登三游洞，蹑石蹬二里，其险处不可着脚[⑫]。洞大如三间屋，有一穴通人过，然阴黑峻崄尤[⑬]可畏。缭山腹，伛偻自岩下，至洞前，差[⑭]可行。然下临溪潭，石壁十余丈，水声恐人。又一穴，后有壁，可居。钟乳[⑮]岁久，垂地若柱，正当穴门。上有刻云："黄大临弟庭坚，同[⑯]辛纮，子大方，绍圣[⑰]二年三月辛亥来游"。……泊石牌峡，石穴中有石如老翁持鱼竿状，略无少异。

九日，微雪，过扇子峡。重山相掩，政如屏风扇[⑱]，疑以此得名，登虾蟆碚《水品》[⑲]所载第四泉是也。虾蟆在山麓，临江，头鼻吻颔[⑳]绝类而背脊皰[㉑]处尤逼真，造物之巧，有如此者。自背上深入，得一洞穴，石色绿润，泉泠泠[㉒]有声，自洞出，垂虾蟆口鼻间，成水帘入江。是日极寒，岩岭有积雪。而洞中温然如春。碚洞相对，稍西有一峰孤起侵云，名天柱

峰，自此山势稍平，然江岸皆大石堆积，弥望㉓正如濬渠积土状。晚次黄牛庙，山复高峻。村人来卖茶，菜者甚众。其中有妇人，皆以青斑布帕首㉔，然颇白皙，语音亦颇正。茶则皆如柴枝草叶，苦不可入口。庙㉕灵感神，封嘉应保安侯，皆绍兴以来制书㉖也。其下即无义滩，乱石塞中流，望之可畏。然舟过乃不甚觉，盖操舟之妙也。传云：神佐夏禹治水有功，故食㉗于此。门左右各一石马，颇卑小，以小屋覆之。其右马无左耳，盖㉘欧阳公所见也。庙后丛木，似冬青而非，莫能名者，落叶有黑文，类符篆㉙，叶叶不同，儿辈亦求得数叶。欧诗刻石庙中，又有张文忠一赞㉚，其词曰："壮哉黄牛，有大神力，辇聚㉛巨石，百千万亿。剑戟齿牙，礧硊㉜江侧，壅激㉝波涛，险不可测。威胁舟人，骇怖失色。刲羊酾酒㉞，千载庙食㉟"。张公之意，似谓神聚石壅流以胁人求祭飨㊱，使神之用心果如此，岂能巍然庙食千载乎？盖过论也。夜，舟人来告，请无击更鼓，云："庙后山中多虎，闻鼓则出"。

十日，早，以特豕㊲壶酒，祭灵感庙，遂行。过鹿角，虎头，史君诸滩。水缩已三之二，然湍险犹可畏。泊城下，归州秭归县㊳界也。与儿曹步㊴沙上，回望，正见黄牛峡，庙后山如屏风叠㊵，嵯峨㊶插天。第四叠上，有若牛状，其色赤黄，前有一人，如着帽㊷立者，昨日及今早，云冒㊸山顶，至是始见之。因至白沙市慈济院，见主僧志坚，问地名城下之由㊹。云："院后有楚故城，今尚在"。因相与访之。城在一冈阜上，

甚小，南北有门，前临江水，对黄牛峡。城西北一山，蜿蜒回抱，山上有伍子胥[45]庙。大抵自荆[46]以西，子胥庙至多。城下多巧石，如灵璧，湖口[47]之类。

十一日，过达洞滩。滩恶，与骨肉[48]皆乘轿陆行过滩。滩际多奇石，五色粲然可爱，亦或有文成物象[49]及符书者，犹见黄牛峡庙后山。太白诗[50]云："三朝上黄牛，三暮行太迟，三朝又三暮，不觉鬓成丝"。欧阳公云[51]："朝朝暮暮见黄牛，徒使行人过此愁，山高更远望犹见，不是黄牛滞客舟"。盖谚[52]谓："朝见黄牛，暮见黄牛，一朝一暮，黄牛如故"。故二公皆及[53]之。欧阳公自荆渚赴夷陵[54]，而有《下牢》·《三游》及《虾蟆碚》·《黄牛庙》诗者，盖在官时[55]来游也。故《忆夷陵山》诗[56]云："忆尝祗吏役[57]，巨细悉经觇[58]"。其后又云："荒烟下牢戍，百仞塞溪漱[59]，虾蟆喷水帘，甘液胜饮酎[60]。亦尝到黄牛，泊舟听猨狖[61]"也。晚泊马肝峡口，两山对立，修耸摩天[62]，略如庐山，江岸多石，百丈[63]萦绊，极难过。夜小雨。

十二日早，过东灕滩，入马肝峡，石壁高绝处，有石下垂如肝，故以名峡。其傍又有狮子岩，岩中有一小石，蹲踞张颐[64]，碧草被之，正如一青狮子。微泉泠泠，自岩中出。舟行急，不能取尝，当亦佳泉也。溪上又有一峰孤起，秀丽略如小孤山[65]。晚抵新滩，登岸，宿新安驿。夜雪。

Rù shǔ jì (jié xuǎn)

Lù Yóu

Bā rì, wǔ gǔ jìn, jiě chuán, guò Xià láo guān. Jiā jiāng qiān fēng wàn zhàng, yǒu jìng qǐ zhě, yǒu dú bá zhě, yǒu bēng yù yā zhě, yǒu wēi yù zhuì zhě, yǒu héng liè zhě, yǒu zhí chè zhě, yǒu tū zhě, yǒu wā zhě, yǒu xià zhě, qí guài bù kě jìn zhuàng. Chū dōng cǎo mù jiē qīng cāng bù diāo, xī wàng chóng shān rú què, Jiāng chū qí jiān, zé suǒ wèi Xià láo xī yě. Ōu yáng wén zhōng gōng yǒu《Xià láo jīn》shī yún : "rù xiá shān jiàn qū, zhuǎn tān shān gèng duō", jí cǐ yě. Xì chuán yǔ zhū zǐ jí Zhèng shī dēng Sān yóu dòng, niè shí dēng èr lǐ, qí xiǎn chǔ bù kě zhuó jiǎo. Dòng dà rú sān jiān wū, yǒu yī xué tōng rén guò, rán yīn hēi jùn xiǎn yóu kě wèi. Liáo shān fù, yǔ lǚ zì yán xià, zhì dòng qián, chà kě xíng. Rán xià lín xī tán, shí bì shí yú zhàng, shuǐ shēng kǒng rén. Yòu yī xué, hòu yǒu bì, kě jū. Zhōng rǔ suì jiǔ, chuí dì ruò zhù, zhèng dāng xué mén. Shàng yǒu kè yún : "Huáng dà lín dì Tíng jiān, tóng Xīn hóng, zǐ Dà fāng, Shào shèng èr nián sān yuè xīn hài lái yóu". ……Bó Shí Pái xiá, shí xué zhōng yǒu shí rú lǎo wēng chí yú gān zhuàng, lüè wú shǎo yì.

Jiǔ rì, wēi xuě, guò Shàn zǐ xiá. Chóng shān xiāng yǎn, zhèng rú píng fēng shàn, yí yǐ cǐ dé míng, dēng Xiā mà bèi《Shuǐ pǐn》suǒ zài Dì sì quán shì yě. Xiā mà zài shān lù, lín Jiāng, tóu bí wěn hàn jué lèi ér bèi jǐ pào chù yóu bī zhēn, zào wù zhī qiǎo, yǒu rú cǐ zhě. Zì bèi shàng shēn rù, dé yī dòng xué, shí sè lù rùn, quán líng líng yǒu shēng, zì dòng chū, chuí xiā mà kǒu bí

jiān, chéng shuǐ lián rù jiāng。 Shì rì jí hán, yán lǐng yǒu jī xuě。
Ér dòng zhōng wēn rán rú chūn。 Bèi dòng xiāng duì, shāo xī yǒu
yī fēng gū qǐ qīn yún, míng tiān zhù fēng, Zì cǐ shān shì shāo
píng, rán jiāng àn jiē dà shí duī jī, mí wàng zhèng rú jùn qú jī tǔ
zhuàng。 Wǎn cì Huáng niú miào, shān fù gāo jùn。 Cūn rén lái
mài chá, cài zhě shèn zhòng。 Qí zhōng yǒu fù rén, jiē yǐ qīng
bān bù pà shǒu, rán pō bái xī, yǔ yīn yì pō zhèng。 Chá zé jiē rú
chái zhī cǎo yè, kǔ bù kě rù kǒu。 Miào Líng gǎn shén, fēng jiā
yīng bǎo ān hóu, jiē Shào xīng yǐ lái zhì shū yě。 Qí xià jí wú yì
tān, luàn shí sāi zhōng liú, wàng zhī kě wèi。 Rán zhōu guò nǎi
bù shèn jué, gài cāo zhōu zhī miào yě。 Chuán yún : shén zuǒ
Xià Yǔ zhì shuǐ yǒu gōng, gù shí yú cǐ。 Mén zuǒ yòu gè yī shí
mǎ, pō bēi xiǎo, yǐ xiǎo wū fù zhī。 Qí yòu mǎ wú zuǒ ěr, gài
Ōu yáng gōng suǒ jiàn yě。 Miào hòu cóng mù, sì dōng qīng ér
fēi, mò néng míng zhě, luò yè yǒu hēi wén, lèi fú zhuàn, yè yè
bù tóng, ér bèi yì qiú dé shù yě。 Ōu shī kè shí miào zhōng, yòu
yǒu Zhāng wén zhōng yī zàn, qí cí yuē : zhuàng zāi huáng niú,
yǒu dà shén lì, niǎn jù jù shí, bǎi qiān wàn yì。 Jiàn jǐ chǐ yá, lěi
huì jiāng cè, yōng jī bō tāo, xiǎn bù kě cè。 Wēi xié zhōu rén,
hài bù shī sè。 Kuī yáng shī jiǔ, qiān zǎi miào shí。 Zhāng gōng
zhī yì, sì wèi shén jù shí yōng liú yǐ xié rén qiú jì xiǎng, shǐ shén
zhī yòng xīn guǒ rú cǐ, qǐ néng wēi rán miào shí qiān zǎi hū ? Gài
guò lùn yě。 Yè, zhōu rén lái gào, qǐng wú jī gēng gǔ, yún: "miào
hòu shān zhōng duō hǔ, wén gǔ zé chū"。

　　Shí rì, zǎo, yǐ tè shǐ hú jiǔ, jì líng gǎn miào, suì xíng。 Guò
Lù jiǎo, Hǔ tóu, Shǐ jūn zhū tān。 Shuǐ suō yǐ sān zhī èr, rán

tuān xiǎn yóu kě wèi。 Bó chéng xià, guī zhōu Zǐ guī xiàn jiè yě。
Yǔ ér cáo bù shā shàng, huí wàng, zhèng jiàn Huáng niú xiá,
miào hòu shān rú píng fēng dié, cuó é chā tiān。 Dì sì dié shàng,
yǒu ruò niú zhuàng, qí sè chì huáng, qián yǒu yī rén, rú zhuó
mào lì zhě, zuó rì jí jīn zǎo, yún mào shān dǐng, zhì shì shǐ jiàn
zhī。 Yīn zhì Bái shā shì Cí jì yuàn, jiàn zhǔ sēng Zhì jiān, wèn
dì míng chéng xià zhī yóu。 Yún : "yuàn hòu yǒu Chǔ gù chéng,
jīn shàng zài"。 Yīn xiāng yǔ fǎng zhī。 Chéng zài yī gāng fù
shàng, shèn xiǎo, nán běi yǒu mén, qián lín Jiāng shuǐ, duì
Huáng niú xiá。 Chéng xī běi yī shān, wān yán huí bào, shān
shàng yǒu Wǔ zǐ xū miào。 Dà dǐ zì Jīng yǐ xī, Zǐ xū miào zhì
duō。 Chéng xià duō qiǎo shí, rú líng bì, Hú kǒu zhī lèi。

Shí yī rì, guò dá dòng tān。 Tān è, yǔ gǔ ròu jiē chéng jiào lù
xíng guò tān。 Tān jì duō qí shí, wǔ sè càn rán kě ài, yì huò yǒu
wén chéng wù xiàng jí fú shū zhě, yóu jiàn Huáng niú xiá miào
hòu shān。 Tài bái shī yún : "sān zhāo shàng Huáng niú, sān mù
xíng tài chí, sān zhāo yòu sān mù, bù jué bìn chéng sī"。 Ōu yáng
gōng yún : "zhāo zhāo mù mù jiàn Huáng niú, tú shǐ xíng rén
guò cǐ chóu, shān gāo gèng yuǎn wàng yóu jiàn, bù shì Huáng
niú zhì kè zhōu"。 Gài yàn wèi : "zhāo jiàn Huáng niú, mù jiàn
Huáng niú, yī zhāo yī mù, Huáng niú rú gù"。 Gù èr gōng jiē jí
zhī。 Ōu yáng gōng zì Jīng zhǔ fù Yí líng, ér yǒu 《Xià láo》·《Sān
yóu》 jí 《Xiā mò bèi》·《Huáng niú miào》 shī zhě, gài zài guān shí
lái yóu yě。 Gù 《Yì yí líng shān》 shī yún : "yì cháng zhī lì yì, jù xì
xī jīng gòu"。 Qí hòu yòu yún : "huāng yān xià láo xū, bǎi rèn sāi
xī shù, xiā mò pēn shuǐ lián, gān yè shèng yǐn zhòu。 Yì cháng

dào Huáng niú, bó zhōu tīng yuán yòu "yě。Wǎn bó mǎ gān xiá kǒu, liǎng shān duì lì, xiū sǒng mó tiān, lüè rú Lú shān, jiāng àn duō shí, bǎi zhàng yíng bàn, jí nán guò。yè xiǎo yǔ。

Shí èr rì zǎo, guò Dōng líng tān, rù Mǎ gān xiá, shí bì gāo jué chù, yǒu shí xià chuí rú gān, gù yǐ míng xiá。Qí bàng yòu yǒu Shī zǐ yán, yán zhōng yǒu yī xiǎo shí, dūn jù zhāng yí, bì cǎo bèi zhī, zhèng rú yī qīng shī zǐ。Wēi quán líng líng, zì yán zhōng chū。Zhōu xíng jí, bù néng qǔ cháng, dāng yì jiā quán yě。Xī shàng yòu yǒu yī fēng gū qǐ, xiù lì lüè rú Xiǎo gū shān。Wǎn dǐ Xīn tān, dēng àn, sù Xīn ān yì。yè xuě。

（十月）八日、五鼓（午前六時）頃、船を走らせ下牢関に入った。長江の両岸に沿って幾重にも山々が重なり合っている。互いに競うように立っている山、峰が聳え立っている山、崩れて押しつぶされそうな山、危険で墜落しそうな山、東西に裂けている山、真っ直ぐ縦に裂けた山、岩石が突き出ている山、斜面がくぼんでいる山、到る所に割れ目のある山、様々に奇怪な形をしており、一つ一つはっきり描写するのは難しい。初冬の頃、草木は皆青々として枯れることがない。西の方を眺めると崇山が高く聳え、まるで宮殿の外にある二つの台のようだ。長江がその間から流れ出ている。それが下牢谿である。欧陽文忠公の「下牢津」という詩の中に「峡に入れば山 漸く曲り、灘を転ずれば山 更に多し」とあるが、それはこのことを記したものである。船が岸辺に着くと、縄でしっかりとつなぎ止め、子供たちや僧の証師と一緒に三游洞によじ登った。石の小道

を二里登ったが、険しいところでは足をおく場所さえもない。洞は三間の部屋が入るほど大きく、その中には穴が一つ開いていて、人が中に入ることも出来る。しかし中は暗く不気味で、とても怖い。もし山の中腹を回りたければ、体を曲げて岩の下から洞の前に到達し、なんとか通行ができる。しかし下の方は渓谷の潭で、石壁はおおよそ十丈余りもある。その水の音は人を驚かす。またもう一つ穴があり、後方が石壁で、中に人が住むこともできる。鍾乳石の年代はとても古い。地に垂れてまるで大きな柱のようになっており、ちょうど穴の門の形をなしている。上に刻まれている文字には「黄大臨の弟庭堅、羊紘、子の大方とともに、紹聖二年三月辛亥の日にこの地へ来遊す」と書かれている（……以下省略）。船が石牌峡に停泊すると、石穴の中に一個の大きな石があり、それはまるで老人が釣り竿を持っているような形に見える。

　九日、小雪。扇子峡に入ったようだ。高く険しい山峰が幾重にも重なって掩いかぶさっているのは、まるで扇状に折りたたまれた屏風のようである。扇子峡という名は恐らくこのことに起因するのだろう。虾蟆碚に登ると泉があり、それが『水品』という書物に記載されている「天下第四泉」である。虾蟆碚は山の麓にあって、長江に臨んでおり、頭、鼻、口、頷等は実に虾蟆さながらである。背中のいぼの出ているところは特に本物そっくりだ。大自然の精巧さがこの奇石に示されている。虾蟆碚の背の上から奥深く進んで行くと洞穴が見える。石の色は緑色に潤い、泉はザアザアと音を立てている。水は洞穴口から流れて一気に虾蟆石の口と鼻の間にしたたり、水の簾を作って江へと流れ込む。この日は特に厳冬で、岩の峰には

積雪があったが、洞穴の中はむしろ暖かく春のようだった。碚と洞
は向かい合っていて、西側には山峰がまっすぐにそそり立っている。
天を突くばかりに聳えているところから、天柱峰と呼ばれる。ここ
から山の形は平らでなだらかになっていくが、江の岸辺りにはたく
さんの巨大な石が積まれ、遠くを眺めると渠（クリーク）を掘って
積まれた土のようであった。夜、黄牛廟に到着する。山は高く険し
い。ここへお茶や野菜を売りに来る多くの村人達がいる。その中で
何人かの婦人が青い布で頭を包んでいた。肌の色は真っ白で、発音
は正音である。お茶の葉は茎が枯れた緑色の葉で、苦くてとても飲
めない。廟の中に祭られている霊感神の名前と封爵は、全て（宋の
高宗趙構の）紹興年間以来の法令によっているのである。廟の下の
方は無義灘で、散らばっている石が中流を塞いでおり、人々に恐れ
られている。しかし船の通過には特に支障が無いようだ。恐らく船
を操る者の技術が高いのだろう。言い伝えによると、霊感神は神が
夏の禹を助けて治水に功があったので、後の人たちに廟中で祠られ
ているという。門の左右にはそれぞれ一匹の石馬が置かれている。
それはかなり小さく、小屋の中で安置されている。右側の石馬には
左耳がなく、それは多分 欧陽文忠公が見たものである。廟の後方
には木々が生い茂っている。冬青（ナナミノキ）に似ているが、そ
うではなく、実の名は不明だ。舞い落ちる木の葉には黒い模様があ
る。それはまるでおふだ（符書）の篆書体の文字のように見えるが、
葉 一枚一枚みな同じではない。子供たちも木の葉を数枚拾うこと
ができた。廟の中の石の上には欧陽文忠公の詩が刻まれている。さ
らに張文忠の次のような賛が記されている。「なんと勇壮な黄牛で

あることよ。絶大な神力で運び集めた巨大な石は、とても数え切れない。それらの剣のような石、牙のような石は、川辺に聳え立ち、流れを妨げて大きな波を起こし、予知困難な危険が船員たちを脅かす。彼らは恐怖におののき、羊を殺して奠酒で神霊を祭る。千年も続く廟の祭礼だ」。言わんとするところは、「霊感神が石を集めて流れをふさいでいるのは、人々を驚かして供物を要求するため」ということなのだ。もし神の本心がそうであるなら、神はどうして廟の中に坐って動かず、千年もの間供え物を受けているのだろうか。このような言い方はあまりにも言い過ぎる嫌いがある。夜、船員が更鼓（時を知らせる太鼓）を打って時を知らせないようにと頼みにやって来た。「廟の後の山中には虎がたくさんいて、その音を聞くと姿を現す」と言うことだった。

　十日、早朝、供え物用の豚一頭と祭酒一本を携えて廟に行き、祭祀を終えると引き続いて船を運行させる。鹿角・虎頭・史君などの灘を通過する。水位は落ちて約三分の二ほどになっているが、もとより流れは急で険しく、人々に恐怖を与える。船が城下に停泊すると、そこはもう秭帰県という所だった。子供たちと別々に分かれ河辺を散歩し、振り返って眺めると、ちょうど黄牛峡が見えた。廟の後方の山々はまるで屏風を折り畳んだように直立して高く、空を突き刺しているようだ。（屏風の）第四畳の上に牛の形をした赤黄色の岩がある。その前には人の形をした石があり、帽子をかぶってそこに立っているようである。昨日と今朝は霧が山頂におおいかぶさっていたため、ここに来てようやく山頂が見えた。そこで白沙の町の慈済院に行ったついでに、住職の志堅に会い、城下という地名の

わけを尋ねると、「慈済院の後方に楚国の城があったからで、今でも城壁が存在している」ということだった。そこで一緒に訪ねることにした。城壁は丘の上にあり、極めて小さい。南と北には城門があり、前方は長江に面し、黄牛峡と向かい合っている。城の西北はうねうねと山に取り囲まれており、頂上には伍子胥（人名）の廟がある。おそらく荊州より以西には子胥の廟が最も多かったのだろう。城下には珍しい石がたくさんあった（以下省略）。それは（安徽の）霊壁や江西の湖口の石のような精巧で美しい石の類である。

　十一日、達洞灘を通過する。私は家族と輿に乗ることにし、陸地から灘を通り過ぎることにした。灘の水際にはたくさんの珍しい石があり、五色に輝いてとても愛らしかった。幾つかの石には模様があるもの、物の形に似たもの、符（守り札）の上に篆書で書かれた文のあるもの等があった。ここからはまだ黄牛峡の廟の後の山を見ることができた。李白は詩の中で「三朝　黄牛に上り、三暮　行くこと太だ遅く、三朝　又　三暮、覚えず鬢　糸を成す」と謡い、欧陽文忠公は「朝朝　暮暮　黄牛を見、徒に行人をして此を過ぎて愁えしめ、山高く更に遠く、望めば猶ほ見ゆるがごとく、是れ黄牛の客舟を滞むるならずや」と謡っている。これが諺語でいう「朝　黄牛を見、夕方　黄牛を見る、一朝一暮、黄牛は故の如し」である。したがって、李白と欧陽脩は二人ともこの地を訪れたことが分かる。欧陽文忠公は荊州から夷州までの間に「下牢渓」・「三游洞」・「虾蟆碚」・「黄牛廟」等の詩を書いた。恐らく夷陵で県令になった頃にこの地に遊んだことがあったのだろう。そのため、「夷陵山を憶ふ」の詩の中に「憶えば嘗て吏役を祇んで、巨細　悉く観るを経たり」と記

し、その後にさらに「荒烟 下牢の戍、百仭 溪漱を塞ぎ、虾蟆 噴水の簾、甘液 酎を飲むに勝る。亦た嘗て黄牛に到り、舟を泊め猨狄を聴くなり」と続けている。夕方に船を走らせ、馬肝峡に停泊した。ここは二つの山が向かい合って立っている。高く険しく、天にも届かんばかりだ。その形は廬山にも似ている。長江の岸辺には石が多く、いつも百丈（竹で編んだ引き網）がまつわりついているので、なかなか通り抜けにくい。夜に小雨が降った。

　十二日の早朝、船は東灘を通り、馬肝峡に入った。岩壁の最も高いところには石が下に垂れている。馬の肝に似ているところからこう命名された。その傍に獅子岩がある。岩の中に小さな石ころがあって、大きな口をぱくりと開けてうずくまっているのだが、碧の草が覆いかぶさっているので、まさに一頭の青獅子のようである。冷たい水が清らかな音を立てて岩の間から流れ出ているが、船の航行が速いので、（澄んだ水を）掬んで嘗めてみることが出来ない。きっとこれも佳い水なのだろう。渓谷の上にはさらに峰が一つ起っていて、その姿はまるで（江西の）小孤山のように美しい。夜、船は新灘に到着。岸に上がって新安の宿に宿泊する。夜は雪だった。

【注　釈】
① 　本文は『渭南文集』巻四十八より選した。本篇は、陸游が著した旅行記であり、作者が、宋の孝宗趙眘の乾道六年（1170）閏五月より十月に至る間、浙江の紹興より四川の夔州（奉節県）に至る道中の見聞を記したものである。『入蜀記』の中で、陸游は、山川の景物、古今の名称を記述し、並びに多くの伝聞・軼事にまで説き及んでいるが、地形・戦跡にも注意を払っている。これらの記述中より、祖国の山河の壮麗さを見ることができるが、前人も「心を世道に留めた」著作であることを認めている。文章は、意のままに描かれていて技巧を求めることなく、素朴で清淳、人々の吟味に耐えるものである。此処に節録し

た作品は十月八日より十二日に至る間の日記である。

② 陸游（1125〜1210）：字は務観。号は放翁。山陰（今の浙江紹興）の人。南宋の高宗の時、礼部の試験を受けたことがあるが、秦檜に忌み恨まれて黜けられた。孝宗の時、隆興・夔州の通判などの官を歴任した。王炎が川陝安撫使に仕官し、范成大が四川制置使となった時、陸游は前後して彼らの幕僚となったことがある。また福建・江西等の地方官になったこともある。彼は著名な愛国詩人・詞人・散文家・歴史家であり、著述も多く、多方面にわたる業績がある。著書に『南唐書』・『剣南詩稿』・『渭南文集』などがある。

③ 竞起：競うように直立している。

④ 独抜：峰がただ一つ抜きんでて立ち上がっている。

⑤ 崩：崩れ倒れる。　欲圧：押しつぶそうとする。

⑥ 危：危険。　欲坠：墜落しそうである。

⑦ 坼：裂ける。

⑧ 洼：凹んで水たまりのような形となっている。

⑨ 罅：割れ目。

⑩ 闕：宮殿の外の二つの台。台には楼観があるので観とも称する。

⑪ 証師：同行した僧侶証師。左緜の人。

⑫ 着脚：足をとめる。

⑬ 峻嶮：高くて険しい。　尤：特別に。

⑭ 繚：繞る。　山腹：山腰。　差：おおむね。

⑮ 钟乳：鍾乳石。

⑯ 同：一緒に。連れだって。

⑰ 绍圣：宋の哲宗　趙煦の年号。二年は西暦1095年。

⑱ 政：正と同じ。　屏风扇：山勢が一つ一つ折り重なった屏風のようであることを形容する。

⑲ 『水品』：水質を品評した書物。張又新の『煎茶水記』に陸羽の説を引いて「扇子峽蝦蟆口の水は第四」と。これによれば、陸羽に品水（水を品評する）の著作の有ったことがわかる。この著作が文中の『水品』であるかも知れない。

⑳ 頷：あごの下で頚の上の部位。おとがい。

㉑ 皰：疱の異体字。皮膚に出来たできもの。

㉒ 泠泠：水の音。

㉓ 弥望：遠望する。

㉔ 帕首：ハンカチで頭を包む。

㉕ 庙：廟（寺院）を建立して祭る。動詞として用いている。　灵感神：神の名前。ここの神の名前と封爵は、すべて宋の高宗趙構の紹興年間以来の皇帝が命名したものである。

㉖ 制书：皇帝の詔令。

㉗ 食：廟食。廟中で祭祀を享受する。

㉘ 欧陽公：欧陽文忠公。

㉙ 类：類似する。 符：符書（守り札）。古代、道教の僧が画いて召神駆鬼（神を招き悪鬼を追い払う）のに用いた符咒（まじないの秘文秘語）の礼。
篆：篆書体の文字。

㉚ 張文忠：張九成。字は子韶、宋代、銭塘の人。金人との和議に反対したことで秦檜に悪まれたが、秦檜の死後、起用されて、死後文忠と謚（おくりな）された。 賛：称賛の言葉。

㉛ 輦：運ぶ。 聚：聚集する。

㉜ 礌硪：聳え立つ様子。

㉝ 壅：ふさぎ止める。 激：激しく起こる。

㉞ 刲羊：羊を殺す。 醻酒：ここでは奠酒を供えて心霊を祭ることを指す。

㉟ 廟食：祭祀を享受する。

㊱ 求：強要する。 餥：供物。

㊲ 特豕：一頭の豚。古代、祭祀には一頭の雄の犠牲を用いた。

㊳ 秭帰県：今の湖北省に属する。

㊴ 曹步：別々に分かれて進む。

㊵ 叠：折り畳む。

㊶ 嵯峨：高峻な様子。

㊷ 着帽：帽子を冠る。

㊸ 冒：覆いかぶさる。

㊹ 城下：地名。 由：原因。わけ。

㊺ 伍子胥：春秋時代、呉国の大夫。

㊻ 荆：荊州。今の湖北省江陵市。

㊼ 灵壁：安徽省泗県の北に在る。 湖口：江西省都陽の湖口。両地はともに玲瓏石を産出する。

㊽ 骨肉：家族を指す。

㊾ 物象：物の映像。 符书：符（守り符）の文字。

㊿ 太白诗：李白の「三峡を上る」の詩を指す。

(51) 欧阳公云：欧陽脩の「黄牛峡詞」の詩を指す。

(52) 谚：この諺は本書の「江水三峡」の節録中には無いが、『水経注・江水』に記載す。

(53) 及：到達する。

(54) 荆诸：即ち荊州のこと。 夷陵：今の湖北省宜昌市。

(55) 在官时：欧陽脩が夷陵の令であった時を指す。

(56) 忆夷陵山诗：欧陽脩の詩集中に『憶山示聖兪』と題されている詩。

(57) 忆：回憶する。 尝：かつて。 祗吏役：公務で出張することを指す。

(58) 悉经觌：すべて見た。

(59) 漱：水が石を浸蝕し洗う。

⑥　酎：三度重ねて醸した芳醇な酒。

⑥　狖：猿類の動物の一種。

⑥　摩天：天を摩する。

⑥　百丈：船を引っ張る曳き網。

⑥　張頤：口を開ける。

⑥　小孤山：江西省彭沢県の長江中に屹立してある。俗に小姑山という。

※原典は四部叢刊『渭南文集』所収「入蜀記」によった。

观　　潮①

周　密②

　　浙江之潮③，天下之伟观④也。自既望⑤以至十八日为最盛。方其远出海门⑥，仅如银线；既而⑦渐近，则玉城雪岭际天⑧而来，大声如雷霆⑨，震撼激射⑩，吞天沃日⑪，势极雄豪⑫。杨诚斋诗云海涌银为郭⑬，江横玉系腰者是也。

　　每岁⑭京尹出浙江亭教阅⑮水军，艨艟数百，分列⑯两岸；既而尽奔腾分合⑰五阵之势，并有乘骑弄旗标枪舞刀於水面者，如履⑱平地。倏尔⑲黄烟四起，人物略不相睹，水爆⑳轰震，声如崩山。烟消波静，则一舸㉑无迹，仅有敌船为㉒火所焚，随波而逝。

　　吴儿善泅㉓者数百，皆披发文身㉔，手持十幅㉕大彩旗，争先鼓勇，溯迎㉖而上，出没於鲸波万仞㉗中，腾身百变，而旗尾㉘略不沾湿，以此夸能㉙。…以下省略…。

　　江干㉚上下十余里间，珠翠罗绮溢目㉛，车马塞途，饮食百物皆倍穹常时㉜，而僦赁看幕㉝，虽席地不容间㉞也。…以下省略…。

Guān cháo

Zhōu Mì

Zhé jiāng zhī cháo, tiān xià zhī wěi guān yě. Zì jì wàng yǐ zhì shí bā rì wéi zuì shèng. Fāng qí yuǎn chū hǎi mén, jǐn rú yín xiàn; jì ér jiàn jìn, zé yù chéng xuě lǐng jì tiān ér lái, dà shēng rú léi tíng, zhèn hàn jī shè, tūn tiān wò rì, shì jí xióng háo. Yáng chéng zhāi shī yún "hǎi yǒng yín wéi guō, jiāng héng yù xì yāo" zhě shì yě.

Měi suì jīng yǐn chū Zhé jiāng tíng jiāo yuè shuǐ jūn, méng chōng shù bǎi, fēn liè liǎng àn; jì ér jìn bēn téng fēn hé wǔ zhèn zhī shì, bìng yǒu chéng jì nòng qí biāo qiāng wǔ dāo yú shuǐ miàn zhě, rú lǚ píng dì. Shū ér huáng yān sì qǐ, rén wù lüè bù xiāng dǔ, shuǐ bào hōng zhèn, shēng rú bēng shān. Yān xiāo bō jìng, zé yī gě wú jī, jǐn yǒu "dí chuán" wéi huǒ suǒ fèn, suí bō ér shì.

Wú ér shàn qiú zhě shù bǎi, jiē pī fà wén shēn, shǒu chí shí fú dà cǎi qí, zhēng xiān gǔ yǒng, sù yíng ér shàng, chū mò yú jīng bō wàn rèn zhōng, téng shēn bǎi biàn, ér qí wěi lüè bù zhān shī, yǐ cǐ kuā néng.

Jiāng gàn shàng xià shí yú lǐ jiān, zhū cuì luó qí yì mù, chē mǎ sè tú, yǐn shí bǎi wù jiē bèi qióng cháng shí, ér jiù lìn kàn mù, suī xí dì bù róng jiān yě.

銭塘江の高波（海嘯）はこの世で最も壮大な景観だろう。毎月十六日から十八日迄の三日間、高波は最大になる。高波が海の彼方で

湧き起こった時には一筋の銀色の線に見えるだけだ。しばらくすると、その高波が徐々に接近し、まるで玉彫の城壁や雪山の嶺々が海と空の境目から押し寄せて来るようだ。轟くその波の音は、すべてを打ち砕く激しい雷鳴のようであり、天地を揺るがしながら激しく衝きあたっては上空に噴き上がる。それは天空をのみ込み、太陽を消してしまうような壮大雄壮な勢いだ。楊万里の詩に「海 銀を涌かせて郭を為し、江 玉を横たえて腰を系く」とあるが、そこで表現されているのが、このような河の高波なのだ。

　毎年都臨安（杭州）の行政長官が浙江亭に水軍の検閲で訪れると、幾百隻の戦艦が南北の両岸に排列する。やがて戦艦のすべてが航行し始めて河面を勢いよく航進し、分かれたり合わさったりして、五陣の形が勢いを操ると同時に、馬に乗るもの、旗を振るもの、槍を持つもの、太刀を揮うもの等が水上のショーを繰り広げ、それは平地で行う訓練と変わらない。間もなく、辺り一面に黄煙が上がって、人と物がはっきりとは見分けられない程に遮断され、視界を妨げる。水砲が発射されるとゴーゴーと音が響き、まるで山が崩れ、地面が裂けたようである。煙が晴れ、波が穏やかさを取り戻すと、戦艦はみな消えて、一艘も見えなくなる。ただ焼き払われた戦艦の残骸が波間に沈むのみだ。

　当地の若者の中で、泳ぎの得意な数百人が髪の毛を振り乱し、身体に入れ墨をし、手には十幅の広くて大きな旗を持ち、先を競って波の峰浪の谷を逆流に向かって泳ぐ。勢いよく進みながら時々水面から飛び上がり変化に富んだ動きを見せているが、手に持った大きな三角旗の先はほとんど濡れていない。実に卓越した泳法だ。

河岸の上下数里の地域には真珠や翡翠を身に着け、シルクの服を着た男女がびっしりと集まり、注目を浴びている。馬車が道をふさぎ、飲み物も食べ物も、その他各種用品の価格はすべて普段よりも数倍高い。高波を見るために借用した布張日除けが連なり、たとえそこに一人分の座席がたまたまあったとしても、それが空いたままになることはあり得ない。

【注　釈】

① 『武林旧事』より選した。文章は浙江の潮（大海嘯）の壮観であること・長江中における軍事訓練や遊泳競技の状況など三方面に渉って生き生きと具体的に描写しているが、すべては「潮」の一字にしめくくられるものである。末尾に鑑賞者の盛況振りを描いたので「観」の字を加えたものである。場景描写の優秀さで有名な作品である。

② 周密（1232〜約1298）：南宋の詞人。字は公瑾。号は草窓・萍洲・四水潜夫等。本籍は済南であるが、後には呉興（今、浙江に属す）の人となる。宋代末年には義烏県令等の職に任じたが、宋の滅亡以後は仕官しなかった。その詞は、格律が謹厳・清麗で精巧。散文もまた厳整で簡暢、気勢壮大である。著書に『草窓韻語』・『草窓詞』・『武林旧事』等があり、また『絶妙好詞』を編集した。

③ 浙江之潮：即ち銭塘江の高波（海嘯）のこと。

④ 伟观：壮大なながめ。

⑤ 既望：陰暦の毎月十六日。

⑥ 方：当たる。　其：高波（海嘯）。　出：あふれ出る。　海門：河口。

⑦ 既而：やがて。

⑧ 玉城：玉彫の城壁。　雪岭：雪の積もった嶺。　际天：水と天とが接する。

⑨ 如雷霆：霹靂（激しい雷鳴）のように一切を打ち摧くような音をともなっている。

⑩ 震撼：震天動地（天地を揺るがす）。　激射：激しく衝きあたって噴き上がる。

⑪ 沃日：太陽を消す。

⑫ 势：気勢。　雄豪：雄々しく盛んである。

⑬ 杨诚斋：南宋の詩人楊万里。字は延之、号は誠斎。　郭：外城（内城の外側の城郭）。

⑭ 每岁：毎年。

⑮ 京尹：都臨安（杭州）府の行政長官。　教阅：検閲する。

⑯ 艨艟（méng chōng）：＝艨衝：古代、牛の皮をかぶせて武装した戦艦。　分

裂：分散して排列する。

⑰　尽：すべて。ことごとく。　　分：分列する。　　合：集合する。

⑱　乗騎（jì）：水面上で馬に騎る。　　弄旗：旗を振る。　　标枪：槍を使う。　　舞
刀：大刀を揮う。　　履：履む。歩む。

⑲　倏而：倏尔と表記することもある。迅速（すみやか）な様子。にわかに。た
ちまち。

⑳　水爆：水砲。

㉑　舸：船。

㉒　为：…される。　　敌船：仮想の敵船。

㉓　吴儿：江浙一帯の青年。　　善泅：泳ぎを得意とする。

㉔　文身：身体に入れ墨をする。

㉕　幅：布地の幅を表す量詞。

㉖　溯迎：逆流に向かう。

㉗　鲸波：浪の大きいことを形容する。　　仞：古代、七尺あるいは八尺を一仞と
した。

㉘　旗尾：三角旗の尖（さき）。

㉙　夸：誇る。　　能：本領・才能。

㉚　江干（gàn）：江岸。川岸。

㉛　珠翠罗绮：珍珠や翡翠を戴き、綾羅綢緞（綾絹・薄絹・繻子（しゅす）・緞子（どんす）)を着た
人。　　溢目：見渡す限り一面に溢れている。

㉜　倍：倍数。　　穹：高い。　　常时：平素。

㉝　僦赁：借用する。賃借りして使用する。　　看幕：観潮用の布張日除け。

㉞　席地：座席一つ分の場所。　　不容间：空いたままにさせない。

※原典は知不足斎叢書所収『武林舊事』によった。

元　代

1 2 7 1 年 ～ 1 3 6 8 年

大 龙 湫 记①

李孝光②

　　大德七年③，秋八月，予尝从老先生来观大龙湫。苦雨④积日夜。是日大风起西北，始见日出。湫水方大⑤，入谷未到五里余，闻大声转出谷中⑥，从者心掉⑦。望见西北立⑧石，作人俯势⑨；又如大楹⑩。行过二百步，乃更作两股相倚立。更进百数步，又如树⑪大屏风。而其颠⑫谽谺。犹蟹两螯，时⑬一动摇。行者兀兀⑭。不可入，转缘南山趾⑮。稍北，回视如树圭⑯。又折而入东崦⑰，则仰见大水从天上堕地。不挂著⑱四壁。或盘桓久不下，忽迸落如震霆。东岩趾有诺讵那庵⑲，相去五六步。山风横射，水飞著人⑳。走入庵避，余沫迸入屋，犹如暴雨至。水下捣㉑大潭，轰然万人鼓㉒也。人相持语，但见口张，不闻作声。则相顾大笑。先生曰："壮哉！吾行天下，未见如此瀑布也。"

　　是后，予一岁或一至。至，常以九月。十月，则皆水缩㉓，不能如向所见。今年冬又大旱，客入到庵外石矼㉔上，渐闻有水声。乃缘㉕石矼下，出乱石间，始见瀑布垂。勃勃㉖如苍烟，乍大乍小㉗，鸣渐壮急。水落潭上洼石㉘。石被㉙激射，反红㉚如丹砂。石间无秋毫土气，产木宜瘠黑。反㉛碧，滑如翠羽凫㉜毛。潭中有斑鱼㉝廿余头。闻转石㉞声，洋洋㉟远去。间

74

暇回缓^㊱，如避世士然。家僮方置大瓶石旁，仰接瀑水。水忽舞^㊲向人，又益壮一倍，不可复得瓶。乃解衣脱帽著石上，相持扼擘^㊳，欲争取之，因大呼笑。西南石壁上，黄猿数十。闻呼声皆自惊扰，挽崖端偃木牵^㊴连下，窥人而啼。纵观久之，行出瑞鹿院^㊵前。日已入，苍林积叶，前行，人迷不得路。独见明月宛宛^㊶如故人。老先生谓南山公也。

Dà lóng jiǎo jì

Lǐ Xiàoguāng

Dà dé qī nián, qiū bā yuè, yǔ cháng cóng lǎo xiān shēng lái guān Dà lóng Qiū。Kǔ yǔ jī rì yè。Shì rì dà fēng qǐ xī běi, shǐ jiàn rì chū。Qiū shuǐ fāng dà, rù gǔ wèi dào wǔ lǐ yú, wén dà shēng zhuǎn chū gǔ zhōng, cóng zhě xīn diào。Wàng jiàn xī běi lì shí, zuò rén fǔ shì ; yòu rú dà yíng。Xíng guò èr bǎi bù, nǎi gèng zuò liǎng gǔ xiāng yǐ lì。Gèng jìn bǎi shù bù, yòu rú shù dà píng fēng。Ér qí diān hān yā。Yóu xiè liǎng áo, shí yī dòng yáo。Xíng zhě wù wù bù kě rù, zhuǎn yuán Nán shān zhǐ。Shāo běi, huí shì rú shù guī。Yòu zhé ér rù dōng yān, zé yǎng jiàn dà shuǐ cóng tiān shàng duò dì。Bù guà zhù sì bì。Huò pán huán jiǔ bù xià, hū bèng luò rú zhèn tíng。Dōng yán zhǐ yǒu Nùo jù nà ān, xiāng qù wǔ liù bù。Shān fēng héng shè, shuǐ fēi zhù rén。Zǒu rù ān bì, yú mò bèng rù wū, yóu rú bào yǔ zhì。Shuǐ xià dǎo dà tán, hōng rán wàn rén gǔ yě。Rén xiāng chí yǔ, dàn jiàn kǒu zhāng, bù wén zuò shēng。Zé xiāng gù dà xiào。Xiān shēng yuē："zhuàng zāi！Wú xíng tiān xià, wèi jiàn rú cǐ pù bù yě。"

Shì hòu, yǔ yī suì huò yī zhì。Zhì, cháng yǐ jiǔ yuè。Shí yuè, zé jiē shuǐ suō, bù néng rú xiàng suǒ jiàn。Jīn nián dōng yòu dà hàn, kè rù dào ān wài shí gāng shàng, jiàn wén yǒu shuǐ shēng, nǎi yuán shí gāng xià, chū luàn shí jiān, shǐ jiàn pù bù chuí。Bó bó rú cāng yān, zhà dà zhà xiǎo, míng jiàn zhuàng jí。Shuǐ luò tán shàng wā shí。Shí bèi jī shè, fǎn hóng rú dān shā。Shí jiān wú qiū háo tǔ qì, chǎn mù yí jí hēi。Fǎn bì, huá rú cuì yǔ fú máo。Tán shàng yǒu bān yú èr shí yú tóu。Wén zhuǎn shí shēng, yáng yáng yuǎn qù。Xián xiá huí huǎn, rú bì shì shì rán。Jiā tóng fāng zhì dà píng shí páng, yǎng jiē pù shuǐ。Shuǐ hū wǔ xiàng rén, yòu yì zhuàng yī bèi, bù kě fù dé píng。Nǎi jiě yī tuō mào zhù shí shàng, xiāng chí è qiān。Yù zhēng qǔ zhī, yīn dà hū xiào。Xī nán shí bì shàng, huáng yuán shù shí。Wén hū shēng jiē zì jīng rǎo, wǎn yá duān yǎn mù qiān lián xià, kuī rén ér tí。Zòng guān jiǔ zhī, xíng chū Ruì lù yuàn qián。Rì yǐ rù, cāng lín jī yè, qián xíng, rén mí bù dé lù。Dú jiàn míng yuè wǎn wǎn rú gù rén, lǎo xiān shēng wèi nán shān gōng yě。

　大徳七年、秋の八月、老先生が大龍湫の滝を見学され、私はその
お供をした。一日中降り続く雨は、人の心を焦らせるものである。
当日は西北から強い風が吹いた後、我々はようやく日の出を見るこ
とができた。大龍湫はちょうど水量が最大の頃で、峡谷に入り五里
余りも歩いていないのに、峡谷の深い所から聞こえてくる大きな音

は、お供の人たちに恐怖感を覚えさせるほどだった。はるか西北の方向を眺めると、直立している大きな石が、まるで人間が一人伏せているように見えた。そしてそれは広間の大きな柱のようでもあった。さらに二百歩歩いて行くと、その大きな石は二つの股に変わり互いにもたれ合っている。更に百数歩進むと、大きな石は樹木が真っ直ぐに立っている大きなつい立てのようでもある。てっぺんの中心は大きくて深い空洞になっている。両側は、かにのような二匹の大きな海大亀がちょっとでも動くと、道行く人たちは驚いて神経をとがらせる。それ以上前に進めなくなるので、方向を変え南山山麓へと回り道をする。やや北の方に頭を向けて眺めると、あの大きな石は古代帝王が手にしていた玉の版符のようである。腰を曲げて東側の坂道を歩き、頭を上げてみると滝の水流が空から落ちてくるのが見える。その水は周囲の山壁には接触していない。下の方を見ると、滝は時々停滞してしばらく下に落ちるのが見えないが、急に水流が落ちるとその音は雷のようである。東側の山岸には羅漢庵があり、滝からは五、六歩しか離れていない。山風が吹くと、滝は横なぐりの水しぶきとなって人々の体を濡らす。庵の中に入って隠れても、滝のしずくはまるで暴風雨が吹いているかのように中まで入ってくる。滝が流れ落ちて大きな潭を直撃し、ゴオーンゴオーンと響く音はまるで大勢の人が太鼓を打っているようだ。人々は向かい合って話しているが、口の動きを見ているだけで、声は聞こえないのだ。お互いにその様子を見て笑っている。老先生が「実に壮観だ。私もずいぶん世の中を歩いてきたが、これほど大きな滝は初めてだよ」と言った。

それから一年も経たないうちに、私はもう一度ここに来た。来る
時期は、いつも九月だ。十月に入ると、滝の水量が涸れ、見ること
ができる景色も以前には及ばない。今年の冬は大旱ばつで、見物客
は、庵外の石橋に来てから、少しずつ水の音が聞こえ始める。そこ
で石橋の下方に沿って、不規則に積まれた石を踏んで歩くと、やっ
と滝が見える。水しぶきが噴き溢れてあたり一面に飛び散り、青煙
のように大きくなったり小さくなったりして、水の音も徐々に大き
く慌ただしくなる。流れ落ちる水は真ん中が凹んだ石の上に勢いよ
く落下する。石の中は水流の噴射を激しく受けて、丹砂のように赤
い。石の間には少しの泥もなく、当然ながら生えている木々の枝や
幹は枯れ細く黒くなっている。しかし色は青緑で枝と幹の青苔はカ
ワセミの羽とマガモの毛のように柔らかくてすべすべしている。潭
の中の魚は体に斑点があり、おおよそ二十尾以上もいるようだ。石
を投げるとその音に反応してすぐに群を成し、遠くへ泳いでいく。
ゆったりと自由に泳ぐその姿は、まるで世事を避けた読書人のよう
である。召使いの少年が大きい石の傍らに一本の大きな瓶を置き、
滝の水を受け止めようとした。すると突然滝が人々の方に水をまき
散らし、その勢いは激しくなるばかりで、その大瓶を引き上げるこ
とも出来ない。そこで私は服や帽子を脱いで石の上に置き、召使い
の少年と一緒になって大瓶をしっかりとつかんだ。それはまるで水
を競って奪い合うように見え、笑いを禁じ得なかった。西南の方向
の石壁には、数十匹の黄毛猿がいる。滝の音を聞くとすべての猿が
騒ぎ出し、倒れた木を引っ張って下の方へとつなぎ、見物客をこっ
そり見ながら啼く。比較的長い時間を使ってこの場所を観賞してか

ら、瑞鹿院の前へと歩く。太陽はすでに沈み、青々とした樹林では落ち葉が幾層にも重なり、見物客は、方向を見失って出口を見つけられなくなる。ただ見えるのは明月のみで、まるで古い友人のようだ。老先生は南山公と称された老人その人である。

【注 釈】

① 本文は、節録である。文章が長すぎるので不必要な記述と下山時の所見は削り去った。雁蕩山の風景の勝れて秀麗である名声は天下に轟いているが、大龍湫瀑布（瀧）は、山中でも著名な風景の一である。作者は迫真の筆致をもって、極めて生き生きと大龍湫の形象を描写しているが、観光客の内心の感銘を点綴した上に、情と景を融合一体化させている点、まさに短篇ではあるが精錬された旅行記である。

② 李孝光（1285〜1350）：字は季和。元代、浙江省楽清の人。年若くして博学。雁蕩山五峰下に隠居し、四方の士、遠方より来たり学ぶもの多し。至正七年（1347）、召されて北京に赴き、元の順帝の賞識を受け、翌年、文林郎秘書監丞に昇った。著書に『五峰集』二十巻がある。

③ 大徳：元の成宗穆耳の年号（1297〜1308）。 七年：西暦1303年。

④ 苦雨：人を愁苦させる大雨。

⑤ 方大：丁度水が盛んなる時。

⑥ 転出谷中：谷から伝わってくる。

⑦ 心掉：心の内に恐れる様子。

⑧ 立：直立する。

⑨ 作人俯勢：人が伏せた姿勢を作り出している。

⑩ 大楹：ホール内の大きい柱。

⑪ 樹：大木のようにまっすぐ立つ。動詞として用いている。

⑫ 顚：頂点。 谽谺：谷が大きくて深い様子。

⑬ 時：不時：たびたび。

⑭ 兀兀：気持ちが緊張して注意深く神経を使う。

⑮ 山趾：山すそ。

⑯ 樹圭：圭は古代の帝王が手にしていた玉の版符。上は尖って下は四角、全体は細長い形をしている。

⑰ 东崿：東側の山坂。

⑱ 著：着く。引申して接触・挨上（近づく）・附上（付着する）の意。

⑲ 诺讵那庵：羅漢庵。諾拒那は十六尊者の一。

⑳ 著人：水しぶきが人の身体にかかることを指す。

㉑ 捣：舂く。打つ。ここでは冲撃（水が激しくぶつかる）の意。
㉒ 万人鼓：一万人が太鼓をたたくようである。
㉓ 予：我。　常以：常在（いつも…である）。　水縮：水量が減少する。
㉔ 石矼：石橋。
㉕ 缘：沿って。
㉖ 勃勃：噴き溢れて四散するさま。
㉗ 乍大乍小：忽小忽大（小さくなったり大きくなったりする）。
㉘ 洼石：真ん中が凹んだ形の石。
㉙ 被：受ける。　激：激しくぶつかる。　射：噴射する。
㉚ 反红：反射して映る紅い色。
㉛ 产木：生長した樹木。　宜：応該（当然…すべきである）。　瘠：痩せる。
　反：反而（かえって。逆に）。
㉜ 滑：樹皮上の青苔の柔らかく滑らかなさまを指す。　翠羽：翠鳥の羽根。　凫：
　鴨（かも）。
㉝ 斑鱼：魚身に斑点のある魚。
㉞ 转石：小石を投げ入れる。
㉟ 洋洋：魚が集まって群を成しているさま。多い意味を表す。
㊱ 间暇：悠然として自得したさま。　回：戻る。　缓：のろい。ゆるやかであ
　る。
㊲ 舞：飛び散る。ほとばしる。
㊳ 相持：家僮（召使いの少年）といっしょに瓶を持って水を汲むことを指す。
　扼擊：瓶をしっかり持って瀧に押し流されないようにすることを指す。
㊴ 偃木：倒れた樹木。　牽：拉く。牽引する。
㊵ 瑞鹿院：雁蕩山中の寺院。
㊶ 宛宛：宛然と同じ。彷彿（あたかも…のようだ）の意。

※原典は（元）李孝光撰『五峰集』所収「大龍湫記」によった（臺北、商務印書
　館、世界書局、四庫全書珍本）。

明　代

1368年～1644年

满 井 游 记①

袁宏道②

燕③地寒，花朝节④后，余寒犹厉⑤。冻风时⑥作，作则飞沙走砾⑦。局促⑧一室之内，欲出不得。每冒风驰行，未百步辄返。

廿二日⑨天稍和，偕数友出东直⑩，至满井。高柳夹堤，土膏微润⑪，一望空阔，若脱笼之鹄⑫。於是冰皮始解⑬，波色乍⑭明，鳞浪⑮层层，清澈见底，晶晶然⑯如镜之新开，而冷光之乍出於匣⑰也。山峦为晴雪⑱所洗，娟然如拭，鲜妍⑲明媚，如倩女之靧面⑳，而髻鬟之始掠㉑也。柳条将舒未舒，柔梢披风，麦田浅鬣寸许㉒。游人虽未盛，泉而茗者㉓，罍而歌者㉔，红装而蹇者㉕，亦时时有。风力虽尚劲㉖，然徒步则汗出浃背。凡曝沙㉗之鸟，呷浪之鳞㉘，悠然自得，毛羽鳞鬣㉙之间，皆有喜气。始知郊田之外，未始㉚无春，而城居者未之知也。

夫能不以游堕事㉛，而潇然㉜於山石草木之间者，惟此官㉝也。而此地适与余近，余之游将自此始，恶能无纪㉞？己亥㉟之二月也。

Mǎn jǐng yóu jì

Yuán Hóngdào

Yān dì hán, huā zhāo jié hòu, yú hán yóu lì. Dòng fēng shí zuò, zuò zé fēi shā zǒu lì. Jú cù yī shì zhī nèi, yù chū bù dé. Měi mào fēng chí xíng, wèi bǎi bù zhé fǎn.

Niàn èr rì tiān shāo hé, xié shù yǒu chū dōng zhí, zhì Mǎn jǐng. Gāo liǔ jiá dī, tǔ gāo wēi rùn, yī wàng kōng kuò, ruò tuō lóng zhī hú. Yú shì bīng pí shǐ jiě, bō sè zhà míng, lín làng céng céng, qīng chè jiàn dǐ, Jīng jīng rán rú jìng zhī xīn kāi, ér lěng guāng zhī zhà chū yú xiá yě. Shān luán wéi qíng xuě suǒ xǐ, juān rán rú shì, xiān yán míng mèi, rú qiàn nǚ zhī huì miàn, ér jì huán zhī shǐ lüè yě. Liǔ tiáo jiāng shū wèi shū, róu shāo pī fēng, mài tián qiǎn liè cùn xǔ. Yóu rén suī wèi shèng, quán ér míng zhě, léi ér gē zhě, hóng zhuāng ér jiǎn zhě, yì shí shí yǒu. Fēng lì suī shàng jìn, rán tú bù zé hàn chū jiā bèi. Fán pù shā zhī niǎo, xiā làng zhī lín, yōu rán zì dé, máo yǔ lín liè zhī jiān, jiē yǒu xǐ qì. Shǐ zhī jiāo tián zhī wài, wèi shǐ wú chūn, ér chéng jū zhě wèi zhī zhī yě.

Fú néng bù yǐ yóu duò shì, ér xiāo rán yú shān shí cǎo mù zhī jiān zhě, wéi cǐ guān yě. Ér cǐ dì shì yǔ yú jìn, yú zhī yóu jiāng zì cǐ shǐ, è néng wú jì? Jǐ hài zhī èr yuè yě.

燕京（北京）一帯の気候は極めて寒い。花朝節が過ぎた後もまだ余波が続く。冷たい風が常に吹き、一たび吹くと、砂や石が飛び交

うので人びとは部屋の中でじっとせざるをえず、外出することもできない。私はいつも風が吹くたびに急ぎ足で行くのだが、百歩も行かないうちに戻らなければならなくなる。

　二十二日天候が幾分暖かくなったので、何人かの友人と一緒に東直門を出て、満井に着いた。土手の両側に柳の木が高くそびえているのが見える。土地は肥沃で温順である。遠くに目をやるとあたり一面広々としてまるでにわかに鳥かごから必死になって抜け出した白鳥が満足しているようにも感じられた。薄氷が溶け始めると、波の色がとても明るくなる。魚の鱗のような波紋が幾重にも重なり合って、水は澄み底が見え、きらきら光る様子はまるで開けたばかりの明鏡のようで、清冷な光が突然鏡箱の中から出て来たようだ。陽光が射して雪が融け始め、山峰は雪氷に洗われ何かでふかれたようにきれいである。その色鮮やかな美しさはまるで美しい少女が顔を洗い、髪を丸形に結い上げたようで、人の心をときめかせる。まさにこれから伸びようとしている柳の枝のしなやかな梢が風に揺れている。畑には麦の苗が短い馬のたてがみを思わせる一寸あまりの長さに成長している。遊覧客はまだ多くないが、泉水で茶を煮る人たち、盃をかかげ歌を歌う人たち、鮮やかな衣服を身につけて衣の裾をたくし上げる人たちをよく見かける。風はやや強く、徒歩で歩く人は疲れて背中にまで汗を流している。砂地で日の光を浴びている鳥たち、水面で口をぱくぱくしている魚たち、すべてが自然とゆっくりたわむれている。鳥の羽、魚の鱗やひれが喜びを映し出しているのだ。この情景を見てようやく郊外の田や畑には春が訪れたことを知るが町に住む人たちはまだそれを知らない。

遊びに来て、公務を怠けてはいけない。山や樹木に身をゆだね自在に観賞することは閑職に就いている私だからこそ可能なのだ。満井というところは私の住まいから近く、私の見物はここから始まった。それ故どうしてもそれを文章にして残しておきたい。萬暦二十七年二月

【注 釈】
① 文章は『袁中郎全集』巻十四より選した。作者は明快な筆法で満井の初春の明媚な景色を描写している。実景に触れて湧き起こる愉快な心情を表現して、写景（風景描写）抒情（感情描写）均しく生き生きとして自然。文章は修飾を事とすることなく、言語は簡単明瞭で流暢。作者の散文の特色を具体的に現している。　満井：北京近郊の風致地区の一。東直門外の東北約三、四里の所に在る。その場処に満井と呼ばれる井戸があるが、明代の王季重は『游満井記』中に、「一亭の函井、その規五尺、四洼にして中満つ。故に名づく」と述べている。
② 袁宏道（1568～1610）：明代の著名な散文家・詩人。字は中郎、号は石公。公安（今の湖北公安県）の人。神宗朱翊鈞の旅行記を書いている。明代の張岱は、「古人、山水を記するの手、太上は酈道元、その次は柳子厚、近時にては則ち袁中郎」と述べている（『琅環文集、跋寅山注其二』）。
③ 燕（yān）：古の国名。今の河北北部一帯に在った。本文中では、燕京、即ち今の北京を指す。
④ 花朝節：旧時、陰暦二月十二日（一説では二月十五日とする）を百花生日（百花の誕生日）として花朝節と称した。
⑤ 厉：猛烈である。此処では天気の厳寒凛烈であることを形容している。
⑥ 冻风：冷風。　时：いつも。
⑦ 走砾：小石を転がす。
⑧ 局促：束縛される。
⑨ 廿二日：花朝節を承けて言う。故に月を書いていない。
⑩ 东直：東直門。北京の内城の東面最北の門。
⑪ 土膏：土地が肥沃である。　润：湿潤。
⑫ 鹄：鴎類の総称。
⑬ 冰皮：水面上を覆っている薄氷。　解：融ける。
⑭ 波色：波の色。　乍：忽然（たちまち）。一説では開始とも。
⑮ 鳞浪：魚鱗のような波紋。

⑯ 新开：化粧道具箱を開けたばかりであることを指す。　晶晶然：光がきらきら
　ら輝くさま。
⑰ 匣：鏡箱。
⑱ 晴雪：陽光が差して来て融けはじめた雪。
⑲ 娟然：すばらしいさま。　拭：ぬぐう。　鮮妍：色鮮やかで美しいさま。
⑳ 倩女：美麗しい少女。　靧面：顔を洗う。之面に作るテキストもある。
㉑ 髻鬟：環状の髻。　掠：軽くなでる。ここでは頭髪を梳くことを指す。
㉒ 浅鬣：馬の頚（くび）の短毛。即ち馬のたてがみ。　寸許：一寸あまりの長
　さ。
㉓ 泉而茗者：泉水で煮た茶を飲む人。泉・茗はともに動詞として用いている。
㉔ 罍而歌者：酒杯を挙げて歌を唱する人。　罍：酒杯。動詞として用いている。
㉕ 紅装：艶麗な服装。　蹇（jiǎn）：衣のすそをたくしあげる。
㉖ 尚劲：まだ力がある。
㉗ 曝沙：砂地で太陽に曝す。
㉘ 呷：水面上で呑んだり吐いたりパクパクする。　鱗：魚を指す。
㉙ 毛羽：鳥の羽毛。　鱗鬣：魚の鱗と鰭（ひれ）。
㉚ 未始：未だ曽て…したことがない。
㉛ 堕事：公務を怠けてほうり出す。公務をしくじる。
㉜ 潇然：さっぱりしていて自在なさま。
㉝ 惟：只有：（ただ…よりほかはない）。　此官：この官職。作者は萬暦二十六
　年（1598）都に入って順天府学の教官であった。これは閑職で、公務も少なか
　った。
㉞ 悪能：哪能（どうして…できよう、とても…できない）。　怎能：（どうして
　…できよう）。　无纪：旅行記の文章を書かない。
㉟ 己亥：萬暦二十七年は即ち西暦1599年である。

※原典は黄宏道著『袁中郎全集』所収「満井游記」によった（臺北、文星書店、
　1965）。

虎　　丘①

袁宏道

虎丘去城可②七八里。其山无高岩邃③壑。独以④近城故，箫鼓楼船，无日无之。凡月之夜，花之晨，雪之夕，游人往来，纷错如织，而中秋为尤胜。

每至是日，倾城阖户⑤，连臂⑥而至。衣冠⑦士女，下迨蔀屋⑧，莫不靓妆⑨丽服，重茵累⑩席，置酒交衢⑪间。从千人石上至山门⑫，栉比⑬如鳞。檀板丘积⑭，樽罍云泻⑮，远而望之，如雁落平沙，霞铺江上，雷辊电霍⑯，无得而状⑰。

布席之初，唱者千百，声若聚蚊，不可辨识。分曹部署⑱，竞以歌喉相斗，雅俗既陈，妍媸⑲自别。未几而摇头顿足⑳者，得数十人而已。

已而明月浮空，石光如练。一切瓦釜㉑，寂然停声，属而和㉒者，才三四辈；一箫，一寸管㉓，一人缓板而歌。竹肉相发㉔，清声亮彻㉕，听者魂销。比㉖至夜深，月影横斜，荇藻㉗凌乱。则箫板亦不复用；一夫登场，四座屏息㉘。音若细发，响彻云际㉙，每度一字，几尽一刻㉚。飞鸟为之徘徊，壮士听而下泪矣。

剑泉㉛深不可测。飞岩如削。千顷云㉜得天池诸山作案。峦壑竞秀。最可觞㉝客。但过午则日光射人，不堪久坐耳。

文昌阁亦佳。晚树尤可观。面北为平远堂旧址。空旷无际，仅虞山㉞一点在望。堂废已久。余与江进之谋所以复㉟之。欲祠韦苏州、白乐天㊱诸公于其中；而病寻㊲作，余既乞归㊳，恐进之兴亦阑㊴矣。山川兴废，信㊵有时哉！

吏吴㊶两载，登虎丘者六。最后与江进之、方子公㊷同登。迟月㊹生公石㊸上。歌者闻令来，皆避匿去。余因谓进之曰："甚矣，乌纱㊺之横，皂隶之俗哉！他日去官，有不听曲此石上者，如月㊻！"今余幸得解官称吴客㊼矣。虎丘之月，不知尚识㊽余言否耶？

Hǔ qiū

Yuán Hóngdào

Hǔqiū qù chéng kě qī bā lǐ。Qí shān wú gāo yán suì hè。Dú yǐ jìn chéng gù, xiāo gǔ lóu chuán, wú rì wú zhī。Fán yuè zhī yè, huā zhī chén, xuě zhī xī, yóu rén wǎng lái, fēn cuò rú zhī, ér zhōng qiū wéi yóu shèng。

Měi zhì shì rì, qīng chéng hé hù, lián bì ér zhì。Yī guān shì nǚ, xià dài bù wū, mò bù jìng zhuāng lì fú, chóng yīn léi xí, zhì jiǔ jiāo qú jiān。Cóng qiān rén shí shàng zhì shān mén, zhì bì rú lín。Tán bǎn qiū jī, zūn léi yún xiè, yuǎn ér wàng zhī, rú yàn luò píng shā, Xiá pū jiāng shàng, léi gǔn diàn huò, wú dé ér zhuàng。

Bù xí zhī chū, chàng zhě qiān bǎi, shēng ruò jù wén, bù kě biàn shí. Fēn cáo bù shǔ, jìng yǐ gē hóu xiāng dòu, yǎ sú jì Chén, yán chī zì bié. Wèi jǐ ér yáo tóu dùn zú zhě, dé shù shí rén ér yǐ.

Yǐ ér míngyuè fú kōng, shí guāng rú liàn. Yī qiè wǎ fǔ, jì rán tíng shēng, shǔ ér hé zhě, cái sān sì bèi; yī xiāo, yī cùn guǎn, yī rén huǎn bǎn ér gē. Zhú ròu xiāng fā, qīng shēng liàng chè, tīng zhě hún xiāo. Bǐ zhì yè shēn, yuè yǐng héng xié, xìng zǎo líng luàn. Zé xiāo bǎn yì bù fù yòng; Yī fū dēng chǎng, sì zuò bǐng xī. Yīn ruò xì fà, xiǎng chè yún jì, měi dù yī zì, jǐ jìn yī kè. Fēi niǎo wèi zhī pái huái, zhuàng shì tīng ér xià lèi yǐ.

Jiàn quán shēn bù kě cè. Fēi yán rú xuē. Qiān qīng yún dé Tiān chí zhū shān zuò àn. Luán hè jìng xiù. Zuì kě shāng kè. Dàn guò wǔ zé rì guāng shè rén, bù kān jiǔ zuò ěr. Wén chāng gé yì jiā. Wǎn shù yóu kě guān. Miàn běi wèi Píng yuǎn táng jiù zhǐ. Kōng kuàng wú jì, jǐn Yú shān yī diǎn zài wàng. Táng fèi yǐ jiǔ. Yú yǔ Jiāng Jìn zhī móu suǒ yǐ fù zhī. Yù cí Wéi Sū zhōu、Bái Lè tiān zhū gōng yú qí zhōng; ér bìng xún zuò, Yú jì qǐ guī, kǒng jìn zhī xìng yì lán yǐ. Shān chuān xìng fèi, xìn yǒu shí zāi!

Lì Wú liǎng zǎi, dēng Hǔ qiū zhě liù. Zuì hòu yǔ Jiāng Jìn zhī、Fāng Zǐ gōng tóng dēng. Chí Yuè Shēng gōng shí shàng. Gē zhě wén lìng lái, jiē bì nì qù. Yú yīn wèi Jìn zhī yuē:"Shèn yǐ, wū shā zhī héng, zào lì zhī sú zāi! Tā rì qù guān, yǒu bù tīng qǔ cǐ Shí shàng zhě, rú yuè!" Jīn Yú xìng dé jiě guān chēng Wú kè yǐ. Hǔ qiū zhī yuè, bù zhī shàng zhì Yú yán fǒu yē?

虎丘は城市（町）からおよそ七、八里の距離にある。虎丘の山々には高い岩も深い溝や谷もない。町から比較的近いため、簫や太鼓などの楽器を持参し、きれいな二階建ての船に乗って見物客が毎日訪れる。時に月の出る夜や花が開く早朝、雪が降る黄昏時には大勢の人たちで賑わい行ったり来たりして絶え間がない。とりわけ中秋の日には見物客が多い。

この日になると、町中の家という家では、ほとんど家族全員で虎丘へ遊びに出かけるので、人が群れを成して肩がぶつかり合うような状態だ。金持ちの家の男女から貧しい貧乏人に至るまで、人々は皆化粧をし、きれいな服でおしゃれをして、大通り沿いに敷物と座布団も用意して酒を飲むのである。千人石（平坦な大盤石、千人を乗せることができるという）から寺廟の外門に至るまで、沿道はすべてこれらの敷物が所狭しと並び、まるで魚鱗のようだ。歌うときに使う拍板が山のように積まれ、酒瓶や酒杯、そして大勢の人でごった返す。遠くの方を見ると大雁が砂地に降り彩霞が水面に映える。車輪が転がり、その音はまるで雷のような振動を発し、色とりどりのまばゆく稲光がきらめいているようだ。

敷物を敷き終わってしばらくすると、大勢の人たちが歌い始めるのだが、その声はブーンブーンとまるで蚊が群れているようでよく聞き分けられない。グループごとの配置が決まると、歌声の競い合いになるのだが、もとより上品な歌もあれば低俗な歌もある。歌のレベルが高いもの、そうでないものと様々だ。しばらくすると、得意のあまり我を忘れ踊りまくっている人は、もう数十人しか残っていない。

やがて名月が空に現れると、月光に照らされた小石がまるで純白の紗のように見える。低俗なすべての楽器は演奏を停止し、歌い手も今や三、四人を残すのみである。一人が簫を吹き、一人が竹哨を、そしてもう一人がゆっくりと拍板をたたきながら歌う。楽器の音や歌声が調和し、その声は清らかに澄んで遠くの方まで届き、人々は心を和ませ、まるで魂を無くしたように酔いしれる。夜が更ける頃に月は西方に傾き、月光を浴びてゆらめく樹蔭の花影は、あたかも水面に散らした野草のようだ。人々はもう楽器や拍板を手にしない。ある人が高いところに登って独唱すると、周りの見物客はみな息を凝らして耳を傾ける。声は細く長く空に響き渡り、一語を唱うたびに、すこし引き伸ばされる。飛ぶ鳥もそれに合わせてゆっくりと旋回し、英雄もそれを聞いて感動のあまり涙を流す。

　剣泉（虎丘の泉の名）は奥深く、測ることは難しい。そびえ立つ岩石はまるで刀剣によって削られたようだ。千頃雲に立って眺めると、遠く天池等の山までその形状は机のようである。峰々や谷川は互いに美しさを競い合っているようである。見物客はこんな景色を酒を飲みながら心ゆくまで鑑賞することができる。しかし昼を過ぎると、陽光が弱くなるので長く留まることはできない。文昌閣の景色もまことに優美である。とりわけ夜に観る木々の景観はさらに鑑賞に値する。西北のあたりは平遠堂の旧址である。そこであたりを見渡すと、一面広々と果てしなく、わずかに常熟県の虞山が遠くに見えるのみだ。平遠堂が荒れ果ててから長い年月が経っている。私と江進之はかつてその修復について話し合ったことがある。韋応物、白居易等前代の賢人数名を祭ることにしたのだが、ほどなく私は病

の発作が出て官吏を辞任し帰郷した。おそらく江進之も興味をなくしたことだろう。山河の興盛と衰退はまことに機運に恵まれるかどうかである。

　私は呉県で二年間県の役人を務め、虎丘山に計六回登った。最後の一回は江進之、方子公と一緒だった。その日の夜、私たちは生公石で月が東から昇るのを待った。歌を唱う人たちが県からの命令で来たが全員姿を消してしまったのだ。その時私は江進之にこう言った。「なんてことだ。役人の横暴ではないか。小役人たちは粗野極まる。将来私が官職を辞したら、必ずこの大きな石に来て歌曲に耳を傾けるだろう。空の明月も私のために証人となるだろう。」。今、幸いにも私は官職を辞し、呉県で一般の見物客としてこの場にいる。虎丘の明月はまだ私が言ったことを覚えているだろうか。

【注 釈】···
①　文章は『袁中郎全集』より選した。作者は緻密で如実なタッチをもって、虎丘の中秋の月夜の情景を極めて迫真的に描写している。眺望、紅男緑女（きれいに着飾った年若い男女）、漫山遍野（見渡す限りの山野）、例えば雁の平沙に落ち、霞の江面に鋪き広がるさま、そして観光客の狂飲し高歌するさまは更に絵影絵声（姿や声が見え聞こえるように巧みに描写）されている。作者は又これを借りて胸中の鬱憤を述べ現し、自分の官位の早く退けられていることを表現している。　　虎丘：また海涌山とも呼ぶ。蘇州名勝の一である。市の西北に在り、岩山は比類もなく秀抜である。古人は江左丘壑の表と称している。呉王闔閭は此処に葬られたが、葬儀の三日後には一頭の白虎が彼の墳墓の上にうずくまっていたので虎丘と称されたと伝えている。
②　去城：城市（まち）から。　可：約（およそ）。
③　邃：深い。
④　独：ただ。　以：因为（…により。…のために）。
⑤　是日：中秋の日を指す。　傾城：城市を挙げて。　闔戸：一家（をあげて）。
⑥　連臂：腕（かいな）をつないで。群衆の雑踏するさまを形容。
⑦　衣冠：古代、士以上の階層の服装。此処では富貴の人を代表している。

⑧　迨：及ぶ。至る。　蔀：光線を遮蔽するもの。　蔀屋：貧乏人の住んでいる暗い小屋。此処では貧苦な人民を代表している。

⑨　靓妆：脂粉を塗って化粧する。

⑩　茵：敷物。敷き布団。　重・累：ともに重ねるの意味を表す。

⑪　交衢：四方八方に通ずる大きな道路。

⑫　千人石：虎丘山上の刀で切り裂いたように平坦な大盤石。千人を乗せることが出来る。　山門：寺廟の外門。

⑬　栉比：櫛の歯のようにびっしりと排列されている。

⑭　檀板：白檀の木で作った拍板。歌を唱う時に拍子をとるのに用いる。　丘積：山のように積む。甚だ多いことを形容する。

⑮　樽：酒杯。　罍：酒瓶。　云泻：雲の流れるように。多いことを極言する。

⑯　雷辊：車輪が転がり、雷のような震動を発する。　电霍：電光がきらめく。全句は、各種の音声が騒々しく、彩色が目にまばゆいことを形容している。

⑰　无得而状：描写のしようがない。

⑱　分曹：組を分ける。　部署：手配りする。按配する。

⑲　妍：美しい。よい。　媸：醜い。

⑳　摇头顿足：踊り上がって喜ぶ。

㉑　瓦釜：本来の意味は陶製の鍋。ここでは陶製の楽器。歌を唱う時にこの楽器を打つ。曲調の俗っぽいことを表す。

㉒　属：連続する。引き続いて。　和：相呼応する。

㉓　寸管：短い竹笛。　缓板：拍板をゆっくりと打つ。

㉔　竹：簫・哨（笛）などの楽器。　肉：声。人が歌うことを指す。　相发：互いに発する。ここでは互いに調和することを指す。

㉕　亮彻：高く澄んで遠くまで伝わり広まる。

㉖　比：及ぶ。ころおい。

㉗　荇・藻：ともに水草の名。ここでは月光の下に浮揺する樹蔭の花影を形容している。

㉘　屏息：自己を抑制して敢えて放肆に呼吸しない。息を殺して静かに聴く。

㉙　云际：高い雲のあたり。

㉚　一刻：古代の時間の単位。一昼夜を一百刻に分けた。

㉛　剑泉：虎丘の泉の名。千人石の北にあり、剑池とも呼ばれる。水深一丈余で一年中涸れることがない。両側の崖は高さ百尺で削ったようである。秦の始皇帝が剣で断ち割ったと伝えられる。また、呉王闔閭の剣が、この池の中に沈んでいるとも伝えられる。

㉜　千顷云：虎丘の寺の方丈の前に在る。南宋の咸淳八年（1273）に僧徳罝が建立した。蘇軾の詩句「云水麗なること千頃」から取っている。　天池：山名。華山とも呼ばれる。蘇州閶門外三十里にある。　作案：テーブルとする。

㉝　觞：動詞。酒を飲む意。

㉞ **虞山**：陽山・海禺山とも呼ばれる。常熟県の西北に在る。西周時代、虞仲がここに葬られたと伝えられる。観光の名勝地である。

㉟ **江进之**：名は盈科。湖南省常徳桃源の人。明の萬暦年間の進士。曽て常州県令に任じた。　**复**：修復する。

㊱ **韦苏州**：唐代の詩人韋応物。曽て蘇州刺史に任じた。　**白乐天**：唐代の詩人白居易。

㊲ **寻**：ほどなく。

㊳ **乞归**：故郷に帰ることを求める。

㊴ **阑**：損なわれる。尽きる。

㊵ **信**：まことに。確かに。

㊶ **吏吴**：呉県で仕官する。

㊷ **方子公**：方文僎。字は子公。安徽省歙県新安の人。

㊸ **生公石**：虎丘の大石の名。

㊹ **迟月**：月を待つ。

㊺ **乌纱**：古代の官吏の帽子。此処では官吏を指す。　**横**：強暴・凶猛。

㊻ **如月**：月に向かって誓をたて、月に証明してもらう。

㊼ **解官**：官職を辞去する。　**称**：…に数えられる。見なされる。　**吴客**：呉県の観光客。

㊽ **识**（zhì）：「志」に通じる。記憶すること。

※原典は袁宏道著『袁中郎全集』所収「虎丘」によった（香港、広智書局、1935）。

玉 泉 山 记①

袁中道②

功德寺循③河而行，至玉泉山麓，临水有亭。山根中时④出清泉，激喷巉⑤石中。悄⑥然如语。

至裂泉，泉水仰射，沸冰⑦结雪，汇於池中。见石子鳞鳞⑧，朱碧磊珂⑨。如金沙布地⑩，七宝⑪妆施。荡漾不停，闪烁晃耀⑫。注於河，河水深碧泓渟⑬。澄澈迅疾，潜鳞⑭了然。荇发⑮可数。两岸垂柳，带拂清波，石梁⑯如雪，雁齿相次⑰。间以独木为桥，跨之⑱濯足。沁凉入骨⑲。折而南，为华严寺。有洞可容千人。有石床可坐。又有大士⑳洞。石理诘曲㉑。突兀奋怒㉒，较华严洞更觉险怪。后有窦㉓，深不可测。其上为望湖亭，见西湖㉔。明如半月，又如积雪未消。柳堤一带，不知里数。嫋嫋濯濯㉕，封天蔽日。而溪塍间民方田作㉖。大田浩浩㉗，小田晶晶㉘，鸟声百啭㉙。杂华㉚在树，宛若江南三月时矣。

循溪行，至山将穷处，有庵。高柳覆门，流水清激。跨水有亭，修饬㉛而无俗气。山余㉜出巉石，肌理㉝深碧，不数步见水源。即御河㉞发源处也。水从此隐矣。

Yù quán Shān jì

Yuán Zhōngdào

Gōng dé sì xún hé ér xíng, zhì Yù quán shān lù, lín shuǐ yǒu tíng。 Shān gēn zhōng shí chū qīng quán, jī pēn chán shí zhōng。 Qiǎo rán rú yǔ。

Zhì Liè quán, quán shuǐ yǎng shè, fèi bīng jié xuě, huì yú chí zhōng。 Jiàn shí zǐ lín lín, zhū bì lěi kē。 Rú jīn shā bù dì, qī bǎo zhuāng shī。 Dàng yàng bù tíng, shǎn shuò huàng yuè。 Zhù yú hé, hé shuǐ shēn bì hóng tíng。 Chéng chè xùn jí, qián lín liǎo rán。 Xìng fà kě shǔ。 Liǎng àn chuí liǔ, dài fú qīng bō, shí liáng rú xuě, yàn chǐ xiāng cì。 Jiān yǐ dú mù wéi qiáo, kuà zhī zhuó zú。 Qìn liáng rù gǔ。 Zhé ér nán, wéi Huá yán sì。 Yǒu dòng kě róng qiān rén。 Yǒu shí chuáng kě zuò。 Yòu yǒu dà shì dòng。 Shí lǐ jié qǔ。 Tū wù fèn nù, jiào Huá yán dòng gèng jué xiǎn guài。 Hòu yǒu dòu, shēn bù kě cè。 Qí shàng wéi Wàng hú tíng, jiàn Xī hú。 Míng rú bàn yuè, yòu rú jī xuě wèi xiāo。 Liǔ tí yī dài, bù zhī lǐ shù。 Niǎo niǎo zhuó zhuó, fēng tiān bì rì。 Ér xī hè jiān mín fāng tián zuò。 Dà tián hào hào, Xiǎo tián Jīng jīng, niǎo shēng bǎi zhuàn。 Zá huá zài shù, wǎn ruò Jiāng nán sān yuè shí yǐ。

Xún xī xíng, zhì shān jiāng qióng chù, yǒu ān。 Gāo liǔ fù mén, liú shuǐ qīng jī。 Kuà shuǐ yǒu tíng, xiū chì ér wú sú qì。 Shān yú chū chán shí, jī lǐ shēn bì, bù shù bù jiàn shuǐ yuán。 Jí yù hé fā yuán chù yě。 Shuǐ cóng cǐ yǐn yǐ。

功徳寺から河の流れに沿って前へ進むと、玉泉山麓に到達し、水辺の近くには東屋がある。山の麓ではいつも清らかで澄んだ泉水が高くそびえ立つ山石から時折激しく噴き出す。泉水の音は低く、まるでひそひそ話をしているかのようである。

裂泉まで歩いてくると、泉水が上に向かって噴射し、その状態は氷の花が沸いているようだ。はね上がった水滴が池の中に集まる様子は、まるで飛沫が雪片を繋げているようである。池の底の石は魚鱗のようにびっしりと並んでいて、陽の光が差し込むと、積み重なった石は赤いものと濃い緑色のものがある。それはまるで金の砂が敷き詰められているようであり、また金、銀、真珠等七種類の宝が飾られているようでもある。波はゆらゆらと、光はちらちらと揺れ動く。泉水は川に流れ込み、河の水は深くたまって流れないが、澄んでいるので底が見える。流れは速く、川底には魚が游いでいる。水草の根毛も一つ一つはっきりと数えられる。両岸の柳は柔らかい枝が揺れて、波によって作られた石堰は、白くて雪のようで、順序よく並んでいる。小さな木の橋が両岸を跨いでおり、私は石橋の上に腰を下ろし足を洗う。川の水は清々しく冷たく骨に沁み入る。南の方へ向きを変え歩いて行くと華厳寺である。そこには洞窟があり、大きさは千人ぐらい収容できるほどである。その中には石床があり、ここで腰を下ろして休むことができる。他に観音菩薩の洞窟がある。石は紋理細かく、曲がりくねっており、高くそびえ立つ様は荒々しく、華厳洞よりも更に険しく奇怪である。後方には小洞があり、その深さを測るのは難しい。その上が望湖亭で、好山園中の西湖を見ることができる。西湖の明るさは月光のようであり、溶け切ってい

97

ない積雪のようでもある。柳堤は一本の帯のようで、その長さはどのくらいの道のりになるか分からない。柳の枝はしなやかで、色合いはさわやかである。それが空一杯に蔽い、太陽を遮っている。山や谷の間では農民がちょうど耕作をしている。大きい田地は広々とし、小さい田地はきらきら光って、鳥の鳴き声は抑揚があって感動的だ。樹にはいろいろな花が咲き、それは江南の三月頃を思わせるような美しさである。

　小川に沿って前に進むと、山が尽きるところに一軒の庵堂が見える。木々は高くそびえて庵の門をさえぎり、清水は底が見えるぐらい澄んでいる。東屋が小川にかかり、清潔感がみなぎり俗世から隔絶している。山の尽きるところでは石の紋理が深緑色で、数歩も行かないうちに、小川の源を見ることができる。そこが宮城の内の玉泉河の水源地である。ここから谷川は隠れて見えなくなっている。

【注　釈】‥‥‥‥‥‥‥‥‥‥‥‥‥‥‥‥‥‥‥‥‥‥‥‥‥‥‥‥‥‥‥‥
① 　文章は『袁小修文集』巻三『西山十記』より選した。全十篇の中、ここにはその一篇のみを選し、題名は編者が加えた。玉泉山は北京の西山の諸峰の一であり、頤和園（明代には好山園と称された）の西南にある。玉泉が昆明湖に流れ入っているので名付けられた。文章は用語簡潔流暢、描写精緻生動、玉泉山の泉水の形勢をあたかも画のように読者の眼前に展開している。
② 　袁中道（1570～1623）：字は小修。湖北公安の人。官は南京吏部郎中に至る。文学上の主張は、基本的にその兄宗道・宏道と同じである。旅行記を得意とし、著書に『珂雪斎集』等がある。
③ 　循：沿って。
④ 　時：いつも。
⑤ 　巉：山の岩石の高く険しい様。
⑥ 　悄：音が非常に低い。ひそひそと。
⑦ 　沸冰：噴出する泉水が氷の花のようになって沸騰する。　結雪：飛沫が雪片の繋がったようになる。

⑧　石子鱗鱗：石が鱗のようにびっしりと整然と並んでいる。

⑨　朱碧：石が陽光を受けて紅緑の色を呈している。　　磊砢：磊砢とすべきである。石が積み重なったさま。

⑩　如金沙布地：伝説によれば、昔、仏陀に説法を頼んだ人がいて、金の砂を地面に舗きつめて、仏に対する尊敬の意を表したという。

⑪　七宝：宗派によって異なるが、大体は金・銀・瑠璃・真珠・瑪瑙・琥珀・硨磲（シャコ貝）等を指す。　　妆施：化粧する。

⑫　晃耀：光り輝く。

⑬　泓渟：水が深くたまって流れないさま。

⑭　潜鱗：水底の魚。

⑮　荇発：水草の根毛。

⑯　石梁：魚を捕らえるために水中に作った堰。

⑰　雁歯相次：雁が飛ぶように整然と列をなしている。ここでは石梁（注⑯）がきちんと排列されていることを形容している。

⑱　跨之：橋の上に跨（またが）っている。

⑲　沁凉入骨：泉水が氷のように冷たくて骨に沁み入る。

⑳　大士：観音菩薩。

㉑　石理：石の紋理（きめ）。　　詰曲：湾曲する。曲折する。

㉒　突兀：高く聳え立つ。　　奮怒：気勢が盛んである。

㉓　窦：小洞。

㉔　西湖：好山園中の西湖を指す。

㉕　嫋嫋：柔弱（しなやか）なさま。　　濯濯：清朗（さわやか）なさま。

㉖　民：農民。　　作：耕作する。

㉗　浩浩：田地の広いことを形容。

㉘　晶晶：田地の小さくて明亮であることを形容。

㉙　哢：鳥の鳴き声が抑揚があって美しい。

㉚　杂华：いろいろとまじった花。

㉛　修饬：整然と調っている。

㉜　山余：山の尽きる処。

㉝　肌理：石の紋理（きめ）を指す。

㉞　御河：宮城内の玉泉を指す。

※原典は袁中道撰『珂雪齋前集』（明代論著叢刊：第2輯）所収「西山十記」の「記二」によった（臺北、偉文圖書出版社、1976）。

游 恒 山 日 记①

徐宏祖②

初十日③……。东行十里，为龙山④大云寺，寺南面向山。又东十里，有大道往西北，直抵恒山之麓，遂折⑤而从之，去山麓尚十里。望其山两峰亘峙⑥，车骑接轸⑦，破壁⑧而出，乃大同入倒马、紫荆⑨大道也。循之抵山下，两崖壁立，一涧中⑩流，透罅⑪而入，逼仄如无所向⑫，曲折上下⑬，俱成窈窕，伊阙双峙⑭，武彝九曲⑮，俱不足以拟之也。时清流未泛⑯，行即溯涧⑰。不知何年两崖俱凿石坎⑱、大四、五尺，深及⑲丈，上下排列，想水溢⑳时插木为阁道㉑者，今废已久，仅存二木悬架高处，犹栋梁之巨擘㉒也。三转，峡愈隘㉓，崖愈高。西崖之半，层楼㉔高悬，曲榭㉕斜倚，望之如蜃吐重台㉖者，悬空寺㉗也。五台㉘北塑亦有悬空寺，拟此未能具体㉙。仰之神飞㉚，鼓勇㉛独登。入则楼阁高下，槛路㉜屈曲。崖既矗削㉝，为天下巨观㉞，而寺之点缀㉟，兼能尽胜㊱。依岩结构㊲，而不为岩石累㊳者，仅此。

而僧寮位置适序㊴，凡客坐禅龛㊵，明窗暖榻㊶，寻丈之间㊷，肃然中㊸雅。既下，又行峡中者三四转，则洞门豁然㊹，峦壑㊺掩映，若别有一天㊻者。又一里，涧东有门榜㊼三重，高列阜㊽上，其下石级数百层承㊾之，则北岳恒山庙之山门㊿也。

去庙尚十里，左右皆土山层叠，岳顶[51]杳不可见。止门侧土人[52]家，为明日登顶计[53]。

Yóu Héng shān rì jì

Xú Hóngzǔ

Chū shí rì……。Dōng xíng shí lǐ, wéi Lóng shān Dà yún sì, sì nán miàn xiàng shān。Yòu dōng shí lǐ, yǒu dà dào wǎng xī běi, zhí dǐ Héng shān zhī lù, suí zhé ér cóng zhī, qù shān lù shàng shí lǐ。Wàng qí shān liǎng fēng gèn zhì, chē qí jiē zhěn, pò bì ér chū, nǎi dà tóng rù dǎo mǎ、zǐ jīng dà dào yě。Xún zhī dǐ shān xià, liǎng yá bì lì, yī jiàn zhōng liú, tòu xià ér rù, bī zè rú wú suǒ xiàng, qū zhé shàng xià, jù chéng yǎo tiǎo, Yī què shuāng zhì, Wǔ yí jiǔ qǔ, jù bù zú yǐ nǐ zhī yě。Shí qīng liú wèi fàn, xíng jí sù jiàn。Bù zhī hé nián liǎng yá jù záo shí kǎn、dà sì、wǔ chǐ, shēn jí zhàng, shàng xià pái liè, xiǎng shuǐ yì shí chā mù wéi gé dào zhě, jīn fèi yǐ jiǔ, jǐn cún èr mù xuán jià gāo chù, yóu dòng liáng zhī jù bò yě。Sān zhuǎn, xiá yù ài, yá yù gāo。Xī yá zhī bàn, céng lóu gāo xuán, qū xiè xié yǐ, wàng zhī rú shèn tù chóng tái zhě, Xuán kōng sì yě。Wǔ tái běi hè yì yǒu Xuán kōng sì, nǐ cǐ wèi néng jù tǐ。Yǎng zhī shén fēi, gǔ yǒng dú dēng。Rù zé lóu gé gāo xià, kǎn lù qū qǔ。Yá jì chù xuē, wéi tiān xià jù guān, ér sì zhī diǎn zhuì, jiān néng jìn shèng。Yī yán jié gòu, ér bù wéi yán shí lèi zhě, jǐn cǐ。

Ér sēng liáo wèi zhì shì xù, fán kè zuò chán kān, míng chuāng nuǎn tà, xún zhàng zhī jiān, sù rán zhōng yǎ。Jì xià, yòu xíng xiá zhōng zhě sān sì zhuàn, zé dòng mén huò rán, Luán hè yǎn yìng, ruò bié yǒu yī tiān zhě。Yòu yī lǐ, jiàn dōng yǒu mén bǎng sān chóng, gāo liè fù shàng, qí xià shí jí shù bǎi céng chéng zhī, zé Běi yuè Héng shān miào zhī shān mén yě。 Qù miào shàng shí lǐ, zuǒ yòu jiē tǔ shān céng dié, yuè dǐng yǎo bù kě jiàn。Zhǐ mén cè tǔ rén jiā, wèi míng rì dēng dǐng jì。

　　崇禎六年八月十日…中略…。東へ十里進むと、龍山大雪寺である。寺院の南は山と向かい合っている。更に東の方へ十里行くと大きな通りが南北に伸び、そのまま恒山の山麓に到達する。そこで角を曲がり、この通りに沿って進む。山麓から更に十里はあるが、遥かに恒山を眺めると二つの山嶺だけが、空を横切って聳え立っている。通りには馬車の往来が絶えない。石壁に掘り開かれた通路を歩いて行くと、大同から倒馬関と紫荊関に進入する大きな道だった。この通りに沿って、山の麓まで歩いて行くと、両側の山崖は壁が直立しているようで、一筋の渓流が谷間を流れている。裂け目を横切ると、その狭さは人が通れるところがないようで、高い所も低い所も、ことごとく曲がりくねっており、とても奥が深いことは明らかである。聳え立つ洛陽伊闕の峰々も、曲がりくねった福建武夷山の澄み切った渓流もここことは比べられない。当時澄み切った渓流に水が漲ることはなく、渓流に逆らって上っていく。どの年だったかは分からないが、両岸の山崖におおよそ幅四、五尺、深さ約一丈の坑道が掘られた。恐らく水が増水したときに、これらの石坑道を利用して杭を

埋め、通行用の道を造ったのだろう。それが廃棄されてからすでに
長い時間が経ち、今では僅かに二本の杙が残るのみである。山崖の
高いところにかかっており、まるで重要人物のようである。三回曲
がると瓷窯峡は更に狭くなり、山崖もより高く険しくなる。両崖の
中ほどには積み重なるように高楼があり、高く曲折した楼閣を形成
している。山崖に斜めに寄りかかってみると、まるで蜃気楼のよう
だ。まさにこれが懸空寺である。五台山の北側にもここをまねて建
てられた一軒の懸空寺があるが、これほど完備されてはいない。頭
を上げてみると、うっとりと魅了されてしまう。そこで勇気を出し
て一人でよじ登って行く。寺院の中に入ると、幾重にも重なった楼
閣の高低が見えるだけであり、欄杆を囲った道は曲がりくねってい
る。高く険しく聳える山崖は懸空寺を見事に引き立たせ、ここの景
色を一段と素晴らしいものにしている。岩石に寄りかかって建てら
れていながら、岩石に妨げられない高楼はここだけしかないだろう。

　僧侶が住んでいる小屋は順序よく、見物客の座席、礼物器具、仏
像を安置する小閣、明るい窓、暖かい寝台等限られた範囲内で厳か
な中にも穏やかさと品の良さが現れている。

　懸空寺から下って峡谷で三、四度 方向転回して峡谷に出ると急
に展望が開け、山や丘や谷がそれぞれ明暗を引き立たせる。まるで
新しい境界に出たようだ。更に一里の道を行くと渓流の東側に三層
の匾額がかかった大門が高々と土山の上に聳える。山門の石段は数
百段もある。ここが北岳恒山廟の山門である。恒山廟から十里余り
の道を行くと、両側に幾重にも重なった土山があり、北岳の峰々は
更に遠く聳え立ち、その麓を眺めることはできない。山門の傍らの

小民家に投宿し、明日の高峰登山に備えて目標を立てる。

【注　釈】…………………………………………………………………………………………
①　『徐霞客游記』より選した。明代、毅宗の崇禎六年（1633）八月八日、作者
　は五台を離れて沙河堡より恒山を遊歴したが、四日後にこの旅行記を書き上げ
　た。作者はまず遠望より描き起こし、その筆は恒山の輪郭を述べ、遊覧の道程
　に応じて順次深く掘り下げ、力を尽くして懸空寺の勝景を描写し、この雄大な
　景観を読者に消し難い印象として留めさせるものがある。
②　徐宏祖（1586～1641）：字は招之。号は霞客。江蘇江陰の人。明代の旅行家・
　地理学家にして旅行紀行文作家。彼は若い時から群書を博覧し、一生仕えるこ
　とをせず、二十歳の時太湖を遊覧したことから始まって、三十余歳まで数万里
　を旅行した。その足跡は東南沿海・華東・晋冀から雲（南）貴（州）高原にま
　で及んでいる。しかも至る所の山川の形勝、一一詳記しないものはなく、著書
　に『徐霞客記』がある。この書物は単に優美な散文集であるばかりでなく、
　世界史上にも最も早い貴重な地理研究文献でもある。
③　初十日：崇禎六年八月十日。
④　龙山：また封龍山とも呼ぶ。山西渾源県の西南四十里にある。　大云寺：龍
　山の北面に在る。
⑤　折：角を曲がる。
⑥　亘崎：空を横切って聳え立つ。
⑦　骑：名詞。本来は鞍・轡のある馬を指すが、ここでは総括的に用いている。
　轸：古代車の底部後部につけられた横木の名。
⑧　破壁：石壁中に開鑿した道路。
⑨　大同：山西大同市。　倒马：関所の名。今の河北唐県の西北に在る。山坂が
　険峻なので馬がつまずいて倒れ易いので名付けられた。　紫荆：関所の名。今
　の河北易県の西の山。紫荊嶺の上に在る。
⑩　中：山谷中。
⑪　透：通過する。　罅：裂け目。
⑫　逼仄：狭窄である。　无所向：通ずる所なし。
⑬　上下：高所と低所。　窈窕：山水の奥深いことを形容。
⑭　伊阙：河南洛陽の南面に在る。両山は対峙しているので、遠くから見れば宮
　殿のようであるが、伊水はその中間を北へ流れているので伊闕と名付けられた。
　双崎：両山が聳え立っている。
⑮　武彝：即ち武夷山。福建崇安県の北に在る。　九曲：武夷山は連綿と一万二
　十里続いており、三十六峰、三十七岩がある。渓流は曲がりくねって旋転して
　おり、九曲に分けられるので清溪九曲と称する。
⑯　清流：澄みきった渓流。　泛：水が漲る。

⑰ 行即溯涧：渓流に逆らって上っていく。

⑱ 石坎：採石場。

⑲ 及：達する。

⑳ 水溢：水が漲る。

㉑ 阁道：岩壁の険要な所に木を渡して通行する路。

㉒ 栋梁：国家の重任を背負う人の比喩。　巨擘：親指。此処では重要人物の比喩。

㉓ 峡：恒山の下の瓷窯峡を指す。　隘：狭い。

㉔ 层楼：積み重なった高層建築、即ち高楼のこと。

㉕ 曲榭：曲折した台榭（楼閣）。

㉖ 蜃（shěn）吐重台：一種の大気の光学現象。異なった密度の大気層が光線に対して屈折作用を起こし、遠方にある楼台を天空や地面上に反映する。古代の人はこの現象を科学的に説明することが出来なかったので、大蛤が気を吐いて出来ると誤認したのである。　蜃：蛤蜊（しおふき）。　重台：積層の亭台。

㉗ 悬空寺：後魏時代の創建。寺には純陽宮と弥勒殿がある。

㉘ 五台：山の名。山西五台県の東北一万八十里に在る。五つの高峰があり、積み上げた土台のようなので名付けられた。

㉙ 拟此：恒山のこの懸空寺をまねる。　具体：事物の各構成部分がすべて備わる。

㉚ 神飞：うっとりさせられる。

㉛ 鼓勇：勇気を鼓舞する。

㉜ 高下：高く低く。　槛路：欄杆を囲った路。

㉝ 轰削：高く聳えて険しい。

㉞ 巨观：大観。壮観。

㉟ 点缀：きわだたせる。修飾する。

㊱ 兼能尽胜：固有の景物に更に美妙な作用を加えさせる。

㊲ 结构：建築。

㊳ 累：累を被る。妨碍。

㊴ 僧寮：和尚の住む小屋。　适序：順序に符合する。

㊵ 客坐：遊覧客の座席。　禅：広く佛教の事物を指す。　龛：佛像を安置する小閣。

㊶ 明窗：明るい窓。　暖榻：温暖な寝台。

㊷ 寻丈之间：小さい範囲を指す。　寻：八尺。

㊸ 肃：荘厳で穏やかである。　中：適合する。

㊹ 豁然：ぱっと開けたさま。

㊺ 峦壑：山脈（やまなみ）と丘や谷。

㊻ 天：新しい境界を指す。

㊼ 门榜：門に掛けられた匾額。

㊽　**皐**：土山。
㊾　**承**：連接する。
㊿　**山门**：寺門。
(51)　**岳顶**：山頂。　**杳**：杳（よう）として（足跡が）分からない。
(52)　**止**：居住する。　**土人**：山住まいの人。
(53)　**计**：つもりである。

※原典は『國學基本叢書四百種』所収 徐宏祖著「徐霞客遊記」によった（臺灣商務印書館、1968）。

湖心亭看雪①

张 岱②

崇祯③五年十二月，余住西湖。大雪三日，湖中人鸟声俱绝④。是日⑤更定⑥矣，余拏⑦一小舟，拥毳衣⑧炉火，独往湖心亭看雪。雾凇沆砀⑨，天与云与山与水，上下一白。湖上影子，惟长堤一痕⑩，湖心亭一点，与余舟一芥⑪，舟中人两三粒⑫而已。

到亭上，有两人铺毡对坐，一童子烧酒⑬炉正沸。见余，大喜曰："湖中焉得更有此人⑭！"拉余同饮。余强饮三大白⑮而别，问其姓氏，是金陵人，客此⑯。及下船，舟子喃喃⑰曰："莫说相公⑱痴，更有痴似⑲相公者！"

Hú xīn tíng kàn xuě

Zhāng Dài

Chóng zhēn wǔ nián shí èr yuè, Yú zhù Xī hú. Dà xuě sān rì。 hú zhōng rén niǎo shēng jù jué。 Shì rì gēng dìng yǐ, Yú ná yī xiǎo zhōu, yōng cuì yī lú huǒ, dú wǎng hú xīn tíng kàn xuě。 Wù sōng Hàng dàng, tiān yǔ yún yǔ shān yǔ shuǐ, shàng xià yī bái。 Hú shàng yǐng zǐ, wéi cháng dī yī hén, hú xīn tíng yì diǎn, yǔ Yú zhōu yī jiè, zhōu zhōng rén liǎng sān lì ér yǐ。

Dào tíng shàng, yǒu liǎng rén pū zhān duì zuò, yī tóng zǐ shāo jiǔ lú zhèng fèi。Jiàn Yú, dà xǐ yuē :"Hú zhōng yān dé gèng yǒu cǐ rén !" Lā Yú tóng yǐn。Yú qiǎng yǐn sān dà bái ér bié, wèn qí xìng shì, shì Jīn líng rén, kè cǐ。Jí xià chuán, zhōu zǐ nán nán yuē :"Mò shuō xiàng gōng chī, gèng yǒu chī sì xiàng gōng zhě !

崇禎五年十二月、私は西湖の近くに住んでいた。大雪が三日間も降り続いた。湖には人影も見えず、鳥の鳴き声すら聞こえない。この日の夜のとばりがおり漸く昼間の喧噪のおさまった頃、私は一艘の小舟に乗り、暖かい羽毛の服に身を包み、火を盛んに起こし火桶を持って、一人湖心亭へ雪景色を見に出かけた。大雪は山河を覆い尽くし、あたり一面、白一色で見分けがつかない。空・雪・山々・湖面・上下も周囲もただ純白の雪が広がるのみだ。広々とした湖面も、白堤も大雪に覆われてかすみ、湖心亭から見る私の小舟は、まるで小さな草のようだ。そして舟上の人は二、三粒の穀物にしか見えない。

私が湖心亭に着いた時は、すでに二人の男が毛氈を敷き、向い合って腰を下ろしていた。その中の一人の童子は酒を温めており、かまどの火が真っ赤に燃え盛っていた。彼らは私がやって来たのに気付いてとても喜び「湖にどうしてあなたのような方がいらっしゃったのでしょうか」と言って、自分たちと一緒に酒を飲むように誘った。私は行き掛かり上酒を三杯も飲み、あいさつをして分かれた。

彼らの姓名を尋ねると、もともとは金陵の人であるが、今は杭州で逗留していたのだ。私が下舟する時に船頭が小さな声で、「あなた様が変り者というのではないですよ。あなた様よりももっと変った人もいますからね」と言った。

【注 釈】 ....

① 本文は『陶庵夢憶』より選した。作者の自ら清高の士をもって任じて世を避けんとする心情が反映されている。全文は寥々たる分量であるが、江山の雪をはおった風景を描写して詩情画意に満ちている。　湖心亭：杭州西湖の中に在る。

② 張岱（1597～1679）：字は宗子、また石公。号は陶庵、また蝶庵居士。明末清初、山陰（浙江紹興）の人。もと杭州に居住していた。山水を愛好し、音楽、戯曲に精通し、明の滅亡後は仕えず、山に入って書を著して一生を終えた。著書に『陶庵夢憶』・『西湖夢尋』・『琅嬛文集』・『三不朽図賛』・『夜航船』・『白洋潮』等の文学名著がある。

③ 崇禎：明朝末代の皇帝、思宗朱由検の年号（1628～1644）。　五年：西暦1632年。

④ 絶：無。

⑤ 是日：この日。

⑥ 更定：初更から始まり夜に入ると言うような意味。昔は一夜を五更に分けた。毎更はおよそ二時間。夜七時頃に太鼓を打って初更の始まることを報らせた。これを定更という。人の静まるのを定というが、ここでは初更以後、夜が深まり人が静まるの意味である。

⑦ 拏：牽引するの意。ここでは船を漕ぐ、船を操縦することを指す。

⑧ 拥：引きまわす。くるまる。　毳衣：羽毛で織った衣服。

⑨ 淞：水気が樹の枝で凝結した氷の花。　沆碭：あたり一面靄（もや）につつまれて見極めがつかないさまを形容する。

⑩ 長堤：西湖の白堤を指す。　一痕：大雪に覆われて、長堤がぼやけてはっきりしないことを形容。

⑪ 芥：小さい草。ここでは船の小さいことをいう。

⑫ 粒：籽（もみ）。米粒。人が茫茫たる大雪の中で非常に小さく見えることを比喩する。

⑬ 焼酒：酒のかんをする。酒を温める。

⑭ 此人：このような人。作者を指す。

⑮ 強（qiǎng）飲：痛飲の意味もあるが、ここでは無理に酒を飲む。　大白：酒杯の名。

⑯　**客此**：杭州に旅客となる。
⑰　**喃喃**：小声でひそひそと続く話し声。
⑱　**相公**：人に対する敬称。多く富貴の子弟を称する。
⑲　**似**：比較を表す。超過の意味がある。

※原典は楊家駱主編『翦燈新話等九種』所収「湖心亭看雪」によった（臺北、世
　界書局、1967）。

西湖七月半①

张　岱②

西湖七月半，一无可看，止可看看七月半之人。

看七月半之人，以五类看之。其一，楼船③箫鼓，峨冠盛筵④，灯火优傒④，声光相乱⑤，名为看月而实不见月者，看之；其一，亦船亦楼，名娃闺秀⑥，携及童娈⑦，笑啼杂⑧之，还坐露台⑨，左右盼望，身在月下而实不看月者，看之；其一，亦船亦声歌，名妓间僧⑩，浅斟低唱⑪，弱管轻丝⑫，竹肉⑬相发，亦在月下，亦看月而欲人看其看月者，看之；其一，不舟不车，不衫不帻⑭，酒醉食饱，呼群三五，跻⑮入人丛，昭庆、断桥⑯，嘄呼⑰嘈杂，装假醉，唱无腔曲，月亦看，看月者亦看，不看月者亦看，而实无一看者，看之；其一，小船轻幌，净几煖炉⑱，茶铛旋⑲煮，素瓷静递⑳，好友佳人，邀月同坐，或匿影树下，或逃嚣里湖㉑，看月而人不见其看月之态，亦不作意㉒看月者，看之。

杭人游湖，巳出西㉓归，避月如仇㉔。是夕好名㉕，逐队㉖争出，多犒门军㉗酒钱，轿夫擎燎㉘，列俟㉙岸上。一入舟，速舟子急放㉚断桥，赶入胜会㉛。以故二鼓㉜以前，人声鼓吹㉝，如沸如撼㉞，如魇㉟如呓，如聋如哑；大船小船一齐凑岸㊱，一无所见，止见篙击篙，舟触舟，肩摩㊲肩，面看面而已。

少刻兴尽，官府席散，皂隶[38]喝道去。轿夫叫船上人，怖[39]以关门。灯笼火把如列星[40]，一一簇拥[41]而去。岸上人亦逐队赶门[42]，渐稀渐薄，顷刻散尽矣。吾辈始舣舟[43]近岸。断桥石磴始凉，席其上，呼客纵饮。

此时月如镜新磨[44]，山复整妆[45]，湖复颒面[46]。向之浅斟低唱者出，匿影树下者亦出，吾辈往通声气[47]，拉与同坐。韵友[48]来，名妓至，杯箸安[49]，竹肉发……。

月色苍凉，东方将白，客方散去。吾辈纵舟，酣睡[50]於十里荷花之中，香气沁[51]人，清梦甚惬[52]。

Xī hú qī yuè bàn

Zhāng Dài

Xī hú qī yuè bàn, yī wú kě kàn, zhǐ kě kàn kàn qī yuè bàn zhī rén。

Kàn qī yuè bàn zhī rén, yǐ wǔ lèi kàn zhī。Qí yī, lóu chuán xiāo gǔ, é guān shèng yán, dēng huǒ yōu xī, shēng guāng xiāng luàn, míng wéi kàn yuè ér shí bú jiàn yuè zhě, kàn zhī; qí yī, yì chuán yì lóu, míng wá guī xiù, xié jí tóng luán, xiào tí zá zhī, huán zuò lù tái, zuǒ yòu pàn wàng, shēn zài yuè xià ér shí bù kàn yuè zhě, kàn zhī; qí yī, yì chuán yì shēng gē, míng jì jiàn sēng, qiǎn zhēn dī chàng, ruò guǎn qīng sī, zhú ròu xiāng fā, yì zài yuè xià, yì kàn yuè ér yù rén kàn qí kàn yuè zhě, kàn zhī; qí yī, bù zhōu bù chē, bù shān bù zé, jiǔ zuì shí bǎo, hū qún sān wǔ, jǐ rù rén cóng, Zhāo qìng、Duàn qiáo, jiāo hū cáo zá, zhuāng jiǎ zuì, chàng wú qiāng qǔ, yuè yì kàn, kàn yuè zhě yì kàn, bù kàn yuè zhě yì kàn, ér shí wú yī kàn zhě, kàn zhī; qí yī, xiǎo chuán qīng huǎng, jìng jī nuǎn lú, chá chēng xuán zhǔ, sù cí jìng dì, hǎo yǒu Jiā rén, yāo yuè tóng zuò, huò nì yǐng shù xià, huò táo xiāo lǐ hú, kàn yuè ér rén bù jiàn qí kàn yuè zhī tài, yì bù zuò yì kàn yuè zhě, kàn zhī。

Háng rén yóu hú, sì chū yǒu guī, bì yuè rú chóu。 Shì xī hào míng, zhú duì zhēng chū, duō kào mén jūn jiǔ qián, jiào fū qíng liào, liè sì àn shàng。 Yī rù zhōu, sù zhōu zǐ jí fàng Duàn qiáo, gǎn rù shèng huì。 Yǐ gù èr gǔ yǐ qián, rén shēng gǔ chuī, rú fèi rú hàn, rú yǎn rú yì, rú lóng rú yǎ; dà chuán xiǎo chuán yī qí còu àn, yī wú suǒ jiàn, zhǐ jiàn gāo jī gāo, zhōu chù zhōu, jiān mó jiān, miàn kàn miàn ér yǐ。

Shǎo kè xìng jìn, guān fǔ xí sàn, zào lì hè dào qù。 Jiào fū jiào chuán shàng rén, bù yǐ guān mén。 Dēng lóng huǒ bǎ rú liè xīng, yī yī cù yōng ér qù。 Àn shàng rén yì zhú duì gǎn mén, jiàn xī jiàn bó, qǐng kè sàn jìn yǐ。 Wú bèi shǐ yǐ zhōu jìn àn。 Duàn qiáo shí dèng shǐ liáng, xí qí shàng, hū kè zòng yǐn。

Cǐ shí yuè rú jìng xīn mó, shān fù zhěng zhuāng, hú fù huì miàn。 Xiàng zhī qiǎn zhēn dī chàng zhě chū, nì yǐng shù xià zhě yì chū, wú bèi wǎng tōng sheng qì, lā yǔ tóng zuò。 Yùn yǒu lái, míng jì zhì, bēi zhù ān, zhú ròu fā…。

Yuè sè cāng liáng, dōng fāng jiāng bái, kè fāng sàn qù。 Wú bèi zòng zhōu, hān shuì yú shí lǐ hé huā zhī zhōng, xiāng qì qìn rén，qīng mèng shèn qiè。

　西湖の七月十五日は特に見物する風景もないが、当日の人の賑わいだけは見る価値がある。
　それを見たければ、五つに分けて見るのが良い。その一つは鮮やかに飾られた楼船に乗った人々である。簫や太鼓などの楽器を持ち、頭には高い大きな帽子をかぶった人たちが盛大に宴を繰り広げている。五色の提灯を飾り、妓女をからかい、わいわいがやがやと騒がしく、明かりが入り乱れている。月見とは名ばかりで、実際には月を見ようともしない。官吏や身分の高い人を見たいのだ。その一つは名高い美女や金持ちの娘たちを楼船に乗せ美少年の下僕を引き連れ、笑ったり泣いたり、大騒ぎをしながら、露台（屋根のない台）を囲み、辺りをきょろきょろ見る。月光の下にいながら全然月を見ていない。彼女たちを見たいのだ。その一つは何人かの有名な歌姫や風流な僧侶も船に乗り込み、歌を歌っているが、ゆっくりと酒を飲みながら低い声で歌を歌う。簫や笛を吹き、その曲調と歌は和やかで調和している。月光の下で頭を上げて月を観賞するが、さらに他の人たちに月見をしているのを見せたいのだ。その一つは船には乗らないで、馬車にも乗らない人たちだ。彼らは長い上着を着ないで、頭にも頭巾をかぶらない。酒に酔い、腹一杯に食べ終わった後で三々五々と集まり、人混みの中で押し合いへし合いしている。昭慶寺や断橋に到着すると、わあわあ言って大声でわめき、酒に酔ったふりをして調子はずれた歌をうたっている。彼らは月を見、月を

見ている人も、月を見ていない人も見ようとしているが、実際は何一つ見ていない流れ者たちである。その一つは小さな船に薄い沙羅の柔らかい幔幕をかかげ、清潔な机と茶を煮るための爐、三本足の茶を煮る小さな鍋、精巧に出来た白磁の茶碗についで順番に手渡す。仲の良い友人と美女を連れ立って月光の下でもてなしをしている。ある者は、木陰に影を隠し、ある者は騒がしいところを避けて船を里湖辺りまでこいでいき、月を眺めているが、他の人々には自分たちが月見をしている様子を見られないようにしている。故意に月を愛でているふりをしている文人たちを見ることである。

　杭州人にとって西湖に遊ぶことは、通常午後巳の刻に外出し、午後酉の刻には帰宅することだが、月を避けることは、まるで仇を避けているみたいなものだ。

　しかし七月十五日の夜には中元節を懐かしむ一群が集まって、先を競うように城外へ出て、酒や肴で城門を守る番兵を慰労する。輿かきが松明を高くかかげ、岸辺に列を作って待っている。人びとは乗船するとすぐに船頭を断橋に向けて漕がせ、あの賑わいの中に行くように促す。二更（夜九時〜十一時）が鳴る前、人声と鳴り物の音とで沸くようで、雷が天をとどろかせるようで、うなされて叫んでいるかのようで、うわごとを口走っているようである。辺りは騒がしいが、逆に耳の聞こえない人にははっきりしない声で叫ぶかのようである。大きな船も小さな船も接岸を競っていて、他は何も見えない。ただ見えるのは船の棹同士が接触し、船首が船尾にぶつかり合い、肩と肩とこすり合い、顔と顔と見合っているのが見られるだけである。

しばらくして人びとは行楽気分が失くなり、宴会も終わり、役人たちは飲みながらその場を離れる。下級役人たちが道を先導する。轎かきが船上の人々に向かって、早く岸に上がるようにと叫んでいる。なぜなら城門が閉まるのを心配しているからだ。提灯や松明はまるで天に輝く星のようだ。集まっていた多くの人々が押し合いへし合いしながらその場を離れていく。岸の見物客も続々と城門へと向かう。どんどん人数が少なくなり、瞬く間に完全に散り散りになる。そこで我々はようやく船を接岸させる。折から断橋の石段もようやく涼しくなり始めた。その上に蓆を敷いて友人に声を掛け、飲んだり食べたり、心ゆくまで楽しむ。

　この時、明るい月が磨き立ての鏡のように、山はふたたび化粧をととのえ、湖面を明るく照らす。こんな時にゆっくりと酒を飲み、低い声で歌を歌う人たちも現れる。木陰に隠れていた人たちも出てくる。我々は彼らに近寄り誘って一緒に腰を下ろした。風流の友人が来て、美女も到着した。盃や箸が並べられ楽曲と歌声はすぐに調和する。

　月が蒼く冴え、東の空が間もなく明けようとする頃、客たちは次々と去って行く。我々は小舟を湖面に浮かせ十里もつづく荷花の中にぐっすりと眠る。香気がしみわたり、夢の中でも実にこの上なく、心地よい。

【注　釈】
①　本篇は『陶庵夢憶』巻七より選した。文章は中元節（盂蘭盆会）の杭州の人びとの西湖見物の情景を記述しているが、各種遊覧者のありさまが十二分に表現し尽くされているとともに、封建士大夫といわゆる風雅の士の低俗な醜態が

鋭く暴露されている。作者は世俗を軽んじてはいるが、自身もまた風流才子を
もって自ら任じ、山水の遊覧に耽っているに過ぎない。西湖は浙江杭州に在り、
古今に著名な遊覧の名勝地である。陰暦七月十五日は俗に中元節と称し、杭州
の人びとは日がな一日西湖に遊びに行くものが多い。

② 　張岱（1597～1689）：又　名は維城。字は宗子、又　石公とも字した。号は陶
庵・天孫、別号は蝶庵居士、晩号は六休居士。山陰（紹興）の人。晩明、小品
の代表的作家。官僚の家庭の出身で、生活は豪華、「少にして紈袴（練絹のズ
ボン）の子弟（上流階級の子弟）為りて、極めて繁華を愛す」。明代には仕官
せず、明の滅亡後は刻渓の附近に隠棲して愛国の情を示し、貧乏に安んじて書
物を著した。『石匱書』・『陶庵夢憶』・『西湖夢尋』・『琅嬛文集』等がある。

③ 　楼船：楼（やぐら）のある華麗な遊覧船。　　峨冠：古代、士大夫が頭に戴い
た高い冠。

④ 　优僾：俳優と歌妓。貴人の側に侍り仕える下僕。

⑤ 　相乱：雑ざりあい入り乱れる。

⑥ 　名娃：有名な美女。　　閨秀：高貴な家のお嬢様。

⑦ 　童変：即ち変童。美貌の少年。

⑧ 　杂：入り乱れる。

⑨ 　露台：楼船上の露台（屋根のない台）。

⑩ 　名妓：有名な妓女。　　間僧：＝閑僧：清閑な僧。

⑪ 　浅斟：ゆるゆると酒を飲む。　　低唱：低い声で歌う。

⑫ 　弱管：簫笛等の竹管楽器。　　軽糸：胡琴・琵琶等の弦楽器。

⑬ 　竹：簫笛の音を指す。　　肉：歌声を指す。

⑭ 　衫：長いひとえの上着。　　幘：男性が頭髪を包む頭巾。

⑮ 　踤：挤と同じ。押しのけ合う。

⑯ 　昭庆：昭慶寺。西湖の東北角に位置する。　　断桥：西湖白堤の東端に位置す
る。

⑰ 　嗥呼：狂ったように大声でわめき叫ぶ。

⑱ 　軽幌：薄い沙羅で出来た軽くて柔らかい幔幕。　　浄几：きれいに清められた
茶卓。　　煖炉：茶を煮るのに用いる炉。

⑲ 　茶铛：茶を煮るための三本足の小鍋。　　旋：順次。

⑳ 　素瓷：純白で上品な趣のある磁器の杯（茶器）。　　递：渡す。

㉑ 　里湖：西湖を里湖と外湖に分けて、白堤の北側を里湖という。

㉒ 　作意：作出（故意に…［のふり］をする）の意味。

㉓ 　巳：午前九時より十一時まで。　　酉：午後五時より七時まで。

㉔ 　仇：かたき。

㉕ 　好名：名声を求める。

㉖ 　逐队：一隊が一隊を追いかける。

㉗ 　犒：酒肉で慰労する。　　門軍：城門を守る軍人。

㉘ **擎燎**：松明（たいまつ）を挙げて。

㉙ **列**：排列する。　**俟**：待つ。

㉚ **速**：促す。　**放**：流れに沿って船を浮かべる。

㉛ **赶**：間に合うように急ぐ。　**胜会**：盛んな場面。

㉜ **二鼓**：古代、夜間太鼓を打って更（一夜を五つに分けた時間の単位）の時を知らせたが、二度目の太鼓を打つ時刻を二鼓といった。また二更ともいった。夜の九時より十一時にあたる。

㉝ **鼓吹**：音楽の音を指す。

㉞ **沸**：沸騰する。　**撼**：震動する。

㉟ **魇**：夢に驚いて叫ぶ。うなされる。

㊱ **凑岸**：船が岸に着く。

㊲ **摩**：ぶつかる。

㊳ **皂隶**：役所の下級役人。

㊴ **怖**：怖がる。心配する。

㊵ **列星**：空の無数の星。

㊶ **簇拥**：大勢の人びとが一緒に集まって。

㊷ **赶门**：時間に間に合うように城門を入る。

㊸ **舣舟**：船を一箇所に集めて岸に着ける準備をする。

㊹ **如镜新磨**：古代は銅で鏡を造ったので、磨けば磨くほど澄む。　**新磨**：磨いたばかり。

㊺ **复**：また。　**整妆**：化粧を整える。

㊻ **颒面**：顔を洗う。此処では湖面が澄み渡っている様子を形容している。

㊼ **往**：前み行く。　**通声气**：話を交わす。挨拶を交わす。

㊽ **韵友**：詩友。風雅の友達。

㊾ **杯**：酒杯。　**箸**：はし。　**安**：置く。

㊿ **酣睡**：熟睡する。

(51) **沁**：しみる。水などがしみこむ。

(52) **惬**：快い。満足する。

※原典は楊家駱主編『翦燈新話等九種』所収「西湖七月半」によった（臺北、世界書局、1967）。

游 南 岳 记[①]

钱邦芑[②]

往来湖南数矣。欲游岳，辄不果[③]。甲辰[④]中秋，由武陵入中湘[⑤]，参语嵩和尚[⑥]，遂订岳游。……。

次早，同语嵩入山。沿途多古松清泉。松皆具好势，有奇绝[⑦]出人意表者。玩之不足，遂忘饥疲[⑧]。行三十里，至岳庙[⑩]。崇巍巨丽，足起人敬。而祭赛鄙[⑪]，难以理喻。顾瞻叹息，作诗二首。赛岳神，遂去。宿长寿庵[⑫]。

次早，由宁波桥上山。石磴累折，美材竹箭[⑬]，丛杂翔舞[⑭]。加以新霜欲下，丹黄[⑮]点缀，步步增丽。……。山行十里之上，泉流渐急，草石竹树之间，无不泉者[⑯]。或隐或现，或巨或细，或漫草间，漫道上，或涌石隙，穿竹树林莽，乍合乍分，不可名定。汇於大涧，涧中怪石牙互林立，惊涛斜冲，怒波反跳，掷雪[⑰]飞花，行者时见时没。高下望之，状亦屡迁。至玉版桥，则树荫泉合，足娱人怀。……又循石级数折，至上封寺[⑱]。寺祝融峰旁。登峰顶，则云气环绕，下临无际。东顾天宇，明净如洗。西面白山弥空，山下云气渐起相接，须臾遍满上下，长风鼓煽，如涛雪乱涌，由西而东，少焉，东方亦弥漫如银海。六宇[⑲]一色，天风浩浩，若身蹑虚空，不见尘界[⑳]。予恍惚不能言。……。

钟鸣后，寺僧课诵[21]。予蹴语嵩起，出寺左，寻观日台[22]望日出。…东方白雾中一线霞裂作金黄色，由南亘[23]北，直视万里。少时渐巨，炫[24]为五色，正东赤艳尤鲜。更待之，一轮血紫从层云底奋涌面起，光华万道，围绕炫耀，大地豁朗，心目俱爽。复回至峰顶，遍望七十二峰，远近出没，可辨识者，三十余峰耳。然高下断续，起伏变化，如波涛奔属，已极宇内[25]奇观矣。初在半山，上睇五峰[26]，若并尊[27]。登祝融，则烟霞、碧萝[28]诸峰，又若儿孙罗立[29]。四望潇湘蒸洣[30]诸水，微白如练带，明灭烟岚外，恍疑为沟洫[31]矣。…。

Yóu Nán yuè jì

Qián Bāngqǐ

Wǎng lái Hú nán shù yǐ。Yù yóu Yuè，zhé bù guǒ。Jiǎ chén zhōng qiū，yóu Wǔ líng rù Zhōng xiāng，cān Yǔ sōng hé shàng，suì dìng Yuè yóu。……。

Cì zǎo，tóng Yǔ sōng rù shān。Yán tú duō gǔ sōng qīng quán。Sōng jiē jù hǎo shì，yǒu qí jué chū rén yì biǎo zhě。Wán zhī bù zú，suì wàng jī pí。Xíng sān shí lǐ，zhì Yuè miào。Chóng wēi jù lì，zú qǐ rén jìng。Ér jì sài bǐ，nán yǐ lǐ yù。Gù zhān tàn xī，zuò shī èr shǒu。Sài Yuè shén，suì qù。Sù Cháng shòu ān。

Cì zǎo，yóu Níng bō qiáo shàng shān。Shí dèng lěi zhé，měi cái zhú jiàn，cóng zá xiáng wǔ。Jiā yǐ xīn shuāng yù xià，dān huáng diǎn zhuì, bù bù zēng lì。 ……Shān xíng shí lǐ zhī shàng, quán liú jiàn jí, cǎo shí zhú shù zhī jiān, wú bù quán zhě。 Huò yǐn huò xiàn, huò jù huò xì, huò jìn cǎo jiān, màn dào shàng, huò yǒng shí xì, chuān zhú shù lín mǎng, zà hé zà fēn, bù kě míng dìng。 Huì yú dà jiàn, jiàn zhōng guài shí yá hù lín lì, jīng tāo xié chōng, nù bō fǎn tiào, zhì xuě fēi huā, xíng zhě shí jiàn shí mò。 Gāo xià wàng zhī, zhuàng yè lǚ qiān。 Zhì yù bǎn qiáo, zé shù yīn quán hé, zú yú rén huái。 ……。 Yòu xún shí jí shù zhé, zhì Shàng fēng sì。 Sì Zhù róng fēng páng。 Dēng fēng dǐng, zé yún qì huán rào, xià lín wú jì。 Dōng gù tiān yǔ, míng jìng rú xǐ。 Xī miàn bái shān mí kōng, shān xià yún qì jiàn qǐ xiāng jiē, Xū yú biàn mǎn shàng xià, cháng fēng gǔ shān, rú tāo xuě luàn yǒng, yóu xī ér dōng, shǎo yān, dōng fāng yì mí màn rú yín hǎi。 Liù yǔ yī sè, tiān fēng hào hào, ruò shēn niè xū kōng, bù jiàn chén jiè。 yǔ huǎng hū bù néng yán。 ……。

Zhōng míng hòu, sì sēng kè sòng。 Yǔ cù yǔ sōng qǐ, chū sì zuǒ, xún Guān rì tái wàng rì chū。 ……dōng fāng bái wù zhōng yī xiàn xiá liè zuò jīn huáng sè, yóu nán gèn běi, zhí shì wàn lǐ。 Shǎo shí jiàn jù, xuàn wéi wǔ sè, zhèng dōng chì yàn yóu xiān。 Gèng dài zhī, yī lún xiě zǐ cóng céng yún dǐ fèn yǒng miàn ér qǐ, guāng huá wàn dào, wéi rào xuàn yào, dà dì huō lǎng, xīn mù jù shuǎng。 Fù huí zhì fēng dǐng, biàn wàng qī shí èr fēng, yuǎn jìn chū mò, kě biàn shí zhě, sān shí yú fēng ěr。 Rán gāo xià duàn xù, qǐ fú biàn huà, rú bō tāo bēn shǔ, yǐ jí yǔ nèi qí guān yǐ。 Chū zài bàn shān, shàng dì wǔ fēng, ruò bìng zūn。 Dēng Zhù róng, zé Yān xiá、Bì luó zhū fēng, yòu ruò ér sūn luó lì。 Sì wàng Xiāo Xiāng Zhēng Mǐ zhū shuǐ, wēi bái rú liàn dài, míng miè yān lán wài, huǎng yí wéi gōu xù yǐ。

　湖南へは何度も行き来した。南岳衡山に遊びに行きたいと思った が、いつも出かけることが出来なかった。康熙三年中秋の頃、武陵 から湘中に行って語崇和尚に会い、早速彼と一緒に衡山で遊ぶ計画 を立てた。…中略…。

　翌日の朝、語崇和尚とともに山に入った。途中たくさんの古松や 清泉があった。松の木はみなとても奇妙な形をしており、中には予 想も出来ないほど極端に奇妙な形のものもある。私たちはしばらく （長い間）飽きもせずに鑑賞し、空腹や疲労も忘れるほどだった。 山道を歩くこと三十里、南岳廟に着いた。廟の建築は宏大且つ雄壮 で、人々の注意を引き敬われている。ところが、廟内の祭祀敬仏活 動は、むしろあのように卑俗で軽んじられ、理屈で分かるように説 明するのは難しい。ためいきばかりがでるので、二章の詩を作った。 岳神のおまいりが終わってから南岳廟を離れ、長寿庵に投宿する。

　次の日の早朝、寧波橋から山に登る。石段は曲がり道が多く、美 しい樹木や竹などが混生している。その上まもなく秋霜が下りて 木々が紅葉すると、景色は一層美しくなる。…中略…。十余里の山 道を歩くと、泉水の流れが徐々に速くなった。野草、山岩、竹叢と 樹木の間等、到る所に泉が湧いている。埋没している泉、はっきり 見える泉、幅の広い泉、水質が良い泉水、草叢が沈んでいる泉等 様々だ。あるものは石の隙間から湧き出て、竹林を突き抜け一つに

合わさったり、四つの流れに分かれたりする。それぞれに適切な名前を付けたいが、それはとても難しい。そして泉水は一つの大きな谷川に集まる。谷川の怪石は歯のように直立している。急流が怪石にぶつかると、激しく人を驚かすような波が起こり、ぐるぐる回って強い勢いの大波を形成し、水流は四方に飛び散る。跳ね上がった飛沫は雪の玉を投げたようでもあり、ひらひらと飛ぶ花びらのようでもある。山道では見物客が見え隠れしている。上の方を見上げてもうつむいて下の方を見ても景色は多種多様だ。玉版橋に到着すると木々に覆い隠されて、流れは合流し、また見物客を楽しませる。…中略…。

　明け方の鐘が鳴り響いて、廟の和尚たちが読経を始めると、私は語崇和尚を起こし一緒に出発する。左側から廟を出て観日台で日の出を眺める。…中略…。東方の白くぼんやりとした朝霧の中で金色の雲間から差し込む一筋の光が濃霧を突き抜け、南から北へと横断し、おおよそ万里の長さに見える。しばらくすると雲間の光が次第に大きくなって五色の光を形成し、真東の方向から鮮やかに真っ赤な光を放つ。さらにしばらく待つと、一輪の赤紫色の朝日が雲の底から突然湧き出る。光が大空一杯に広がり、人々の目を奪う。大地は突然明るくなり、心中とても清々しくなる。又峰の頂に戻り、七十二峰を見渡しても、遠くも近くも出没は常ならずで、はっきり見分けることが出来るのは三十峰だけである。しかしながら高低があり、途切れ途切れで起伏が変化している。それは波涛がずっと湧き出るのと同じようで、天下の奇観と称されている。以前　山の山腹にいたとき、祝融峰、天柱等の五つの山峰を仰ぎ見ると、みな同じ

ように高くそびえていたが、祝融峰に登ってみると、煙霞峰、碧羅
峰などいくつかの山峰はまるで子供たちが並んで立っているかのよ
うであった。あたりを眺めると瀟水、湘水、蒸水、洣水などいくつ
かの河川が見え隠れしてかすかに白くなっているのが、白色の絹の
紐のようで、霧が立ちこめている外は、にわかに見え隠れし、ぼん
やりしているうちにそれらは田地の間の水溝だと思わせてしまう。
…以下省略…。

【注　釈】‥‥‥‥‥‥‥‥‥‥‥‥‥‥‥‥‥‥‥‥‥‥‥‥‥‥‥‥‥‥‥‥‥‥‥‥‥

① 本文は、節録である。文章が長すぎるので不必要な記述と下山時の所見は削
り去った。作者は、明朝の滅亡後は仕官を願わず、僧侶になったが、その目的
は、真理を求めることにはなく、山水に遊ぶことに在った。そのために本文の
重点は自然描写にある。例えば渓流・谷川・雲霧や日の出等の美麗しい風光な
ど衡山の景色を記述していずれも生動優美、形象迫真である。

② 銭邦芑：生没年不詳。明末清初の人。字は開少。丹徒（江蘇鎮江）に居住し
た。若い時、能文家として名を著した。翰林より都御史を歴官した。永暦（明
末の桂王朱由瑯の年号）年間、彼は離散して貴州に移転した。孫可望に拘えら
れて仕官を強要されたが、承知せずに剃髪して僧侶となり、大錯と号した。武
陵（今の湖南常徳市）に身を寄せたが、後には南岳衡山に居住し、宝慶（今の
湖南邵陽市）に於て死亡。衡山の集賢峰下に葬られた。

③ 輒：いつも。　果：実現する。

④ 甲辰：清代、聖祖の康熙三年、即ち西暦1664年。

⑤ 武陵：今の湖南常徳市。　中湘：湖南中部。

⑥ 参：謁見する。　語嵩和尚：生卒事跡不詳。

⑦ 具：備える。　奇絶：非常に奇妙である。

⑧ 饥疲：飢餓と疲労。

⑨ 岳庙：南岳廟。南岳の聖帝を祠る。衡山県の西北三十里の衡山の麓に在る。
規模宏大、建築雄壮。衡山名勝の一。

⑩ 崇巍：高くて雄大。　巨丽：壮麗。　足：充分である。　起：注意を引く。

⑪ 祭賽：昔、祖先を祭り神を酬す迷信活動。　鄙：平凡である。

⑫ 長寿庵：紫雲峰下に在る。庵内には重さ万斤の銅の仏像がある。

⑬ 箭：竹の一種。

⑭ 丛：叢生する。　杂：混ざる。　翔舞：美材竹箭の姿態を形容する。

⑮ 丹：紅色の樹の葉を指す。

⑯ 无不泉者：到る所泉でない所はない。

⑰ 掷雪：跳ね上がった飛沫が雪の玉を投げたようである。

⑱ 上封寺：祝融峰に在る。

⑲ 六宇：六合。即ち天・地と東南西北の四方。

⑳ 蹑：踏みつける。　尘界：俗世間。浮世。

㉑ 课诵：規定の時間に照らして読経する。

㉒ 观日台：祝融峰の東に在る。

㉓ 亘：またがる。横断する。

㉔ 炫：光明が光り輝く。

㉕ 极：最も。　宇内：宇宙の内。

㉖ 睇：看る。　五峰：祝融・天柱・芙蓉・紫盖・石廪の五つの峰。衡山七十二
峰中最も高い峰。

㉗ 并尊：同様の高大さ。

㉘ 祝融：祝融峰。衡山七十二峰中の最高峰。　烟霞：煙霞峰。　碧萝：碧羅峰、
即ち観音岩。

㉙ 罗立：並んで立っている。

㉚ 潇：瀟水。　湘：湘水。　蒸：蒸水。　洣：洣水。また茶陵江とも呼ぶ。

㉛ 明灭：隠れるようであり、現れるようである。　岚：霧のような水蒸気。
沟洫：田地の間の水溝。

※原典は「普石草堂」の［订阅］によった（http://blog.sina.com.cn/u/2312837340）

清　代

1636年～1912年

登泰山记①

姚　鼐②

　　泰山之阳③，汶水④西流；其阴⑤，济水⑥东流。阳谷皆入汶，阴谷皆入济。当其⑦南北分者，古长城⑧也。最高日观峰，在长城南十五里。

　　余以乾隆⑨三十九年十二月，自京师⑩乘风雪，历齐河、长清⑪，穿泰山西北谷，越长城之限⑫，至於泰安。是月丁未⑬，与知府朱孝纯⑭子颖由南麓登。四十五里，道皆砌石为磴⑮，其级七千有余。泰山正南面有三谷。中谷绕泰安城下，郦道元所谓环水⑯也。余始循⑰以入，道少半，越中岭，复循西谷，遂至其巅。古时登山，循东谷入，道有天门。东谷者，古谓之天门溪水，余所不至也。

　　今所经中岭及山巅，崖限⑱当道者，世皆谓之天门云。道中迷雾冰滑，磴几不可登。及既上，苍山负雪⑲，明烛⑳天南；望晚日照城郭，汶水、徂徕㉑如画，而半山居㉒雾若带然。

　　戊申晦㉓，五鼓㉔，与子颖坐日观亭㉕，待日出。大风扬积雪击面。亭东自足下皆云漫㉖。稍见云中白若樗蒱㉗，数十立者，山也。极天㉘云一线异色，须臾成五采。日上，正赤如丹，下有红光，动摇承之㉙。或曰，此东海也。迴视日观以西峰，或得日或否，绛皓驳㉚色，而皆若偻㉛。亭西有岱祠㉜，又有碧霞

128

元君^㉝祠；皇帝行宫^㉞在碧霞元君祠东。是日，观道中石刻，自唐显庆^㉟以来，其远古刻尽^㊱漫失。僻^㊲不当道者，皆不及往。

山多石，少土；石苍黑色，多平方，少圜。少杂树，多松，生石罅^㊳，皆平顶^㊴。冰雪^㊵，无瀑水^㊶，无鸟兽音迹。至日观数里内无树，而雪与人膝齐。

桐城姚鼐记。

Dēng Tài shān jì

Yáo Nài

Tài shān zhī yáng, Wèn shuǐ xī liú; qí yīn, Jǐ shuǐ dōng liú。

Yáng gǔ jiē rù Wèn, yīn gǔ jiē rù Jǐ。Dāng qí nán běi fēn zhě, gǔ Cháng chéng yě。Zuì gāo Rì guān fēng, zài Cháng chéng nán shí wǔ lǐ。

Yú yǐ Qián lóng sān shí jiǔ nián shí èr yuè, zì jīng shī chéng fēng xuě, lì Qí hé、Cháng qīng, chuān Tài shān xī běi gǔ, yuè Cháng chéng zhī xiàn, zhì yú Tài ān。Shì yuè dīng wèi, yǔ Zhī fǔ Zhū Xiào chún zǐ yǐng yóu nán lù dēng。Sì shí wǔ lǐ, dào jiē qì shí wéi dèng, qí jí qī qiān yǒu yú。Tài shān zhèng nán miàn yǒu sān gǔ。Zhōng gǔ rào Tài ān chéng xià, Lì Dào yuán suǒ wèi Huán shuǐ yě。Yú shǐ xún yǐ rù, dào shǎo bàn, yuè zhōng lǐng, fù xún Xī gǔ, suì zhì qí diān。Gǔ shí dēng shān, xún Dōng gǔ rù, dào yǒu Tiān mén。Dōng gǔ zhě, gǔ wèi zhī Tiān mén xī shuǐ, yú suǒ bù zhì yě。

Jīn suǒ jīng zhōng lǐng jí shān diān, yái xiàn dāng dào zhě, shì jiē wèi zhī Tiān mén yún. Dào zhōng mí wù bīng huá, dèng jǐ bù kě dēng. Jí jì shàng, cāng shān fù xuě, míng zhú tiān nán; wàng wǎn rì zhào chéng guō, Wèn shuǐ、Cú lái rú huà, ér bàn shān jū wù ruò dài rán.

Wù shēn huì, wǔ gǔ, yǔ zǐ yǐng zuò Rì guān tíng, dài rì chū. Dà Fēng yáng jī xuě jī miàn. Tíng dōng zì zú xià jiē yún màn. Shāo jiàn yún zhōng bái ruò chū pú, shù shí lì zhě, shān yě. Jí Tiān yún yī xiàn yì sè, xū yú chéng wǔ cǎi. Rì shàng, zhèng chì rú dān, xià yǒu hóng guāng, dòng yáo chéng zhī. Huò yuē, cǐ Dōng hǎi yě. Huí shì Rì guān yǐ Xī fēng, huò dé rì huò fǒu, jiàng hào bó sè, ér jiē ruò lǚ. Tíng xī yǒu Dài cí, yòu yǒu Bì xiá yuan jūn cí; huáng dì xíng gōng zài Bì xiá yuán jūn cí dōng. Shì rì, guān dào zhōng shí kè, zì Táng Xiǎn qìng yǐ lái, qí yuǎn gǔ kè jìn màn shī. Pì bù dāng dào zhě, jiē bù jí wǎng.

Shān duō shí, shǎo tǔ; shí cāng hēi sè, duō píng fāng, shǎo yuán. Shǎo zá shù, duō sōng, shēng shí xià, jiē píng dǐng. Bīng xuě, wú pù shuǐ, wú niǎo shòu yīn jì. Zhì Rì guān shù lǐ nèi wú shù, ér xuě yǔ rén xī qí.

Tóng chéng Yáo Nài jì.

泰山の南側は汶水が西に流れ、北側は済水が東に流れる。南の峡谷では水がすべて汶水に流れ込み、北の峡谷では水がすべて済水に流れる。東西峡谷の境目では古代長城が修建された。泰山の最高峰は日観峰であり、長城の南方十五里に位置する。

登泰山记

　乾隆三十九年十二月、私は都から風雪に打たれながら済河と長清の両県を経過して泰山の西北の渓谷を通り、長城を越えて泰安に到達した。今月の二十八日には知府の朱孝純と南山のふもとから登った。四十五里の道のりには、石を切ってできた階段が全部で七千余りもあった。泰山の南側には三つの峡谷がある。真ん中の峡谷は泰安の町をめぐり、北魏時代酈道元の言う環水である。

　まず私たちはそれに沿って山に入り、しばらく歩いて中央の峰を越える。それから西の峡谷沿いに上がっていくと、ようやく山の頂上に到達する。古代では通常山を登る時、東側の峡谷に沿って登り、途中には「天門」があった。東側のその峡谷を古人は「天門渓水」と称したが、私は行ったことがない。

　今、私は中央の嶺から山頂を通る。門鑑のように道を遮る崖石を人々はみな「天門」と呼んだ。道中霧で視界がかすみ、石の階段が水面のように滑り、よじ登るのに苦労する。山の頂上に到着すると、一面白雪に覆われており、反射する陽光が赤々と南側の空を照らしている。黄昏時の落日の余韻に照らされた城壁、汶水と徂徠山の景色は絵画のように美しい。山の中腹あたりには霧が停滞し、まるで一本の帯のようだ。

　月末の二十九日、早朝五更の頃、朱子穎と日観峰上の亭で日の出を待っていると、強風が積雪を舞い上がらせ、頬を打った。亭の東側はふもとから白い雲が立ちこめて、かすかに雲の中に数十のサイコロのように見えるのは、数十の峰々だ。遠方では、一筋の雲の境目から奇麗な色が放たれ、しばらくするとそれが色とりどりの光に変わった。太陽が出てくると赤色の朱砂のようだ。下の方には赤い

光がゆらめきあがり、雲海を引き立たせている。ある人はそれを「東海」と呼んでいる。振り返って日観峰の西側の山の頂きを眺めると、あるところは日の光に照らされて、あるところはそれを受けることなく、赤と白が入り混じって、まるで猫背でお辞儀をしているかのようである。亭の西側には岱祠（廟）があり、碧霞元君（女神）の祠もある。皇帝が外出する時に居住する宮殿（いわゆる行宮）は碧霞元君の廟の東側に位置している。その日（当日）途中の石刻を調べ、唐代の顕慶年間以来の石刻をわずかばかり発見した。ところがそれらは遙か昔の石刻だが、そのほとんどが欠損状態で摩滅もしており、はっきりしない。それらはみな道端ではなく、辺鄙なところにある石刻なので、調査するには時間が足りなかった。

　山には石がたくさんあり、土や泥は極めて少ない。石の色は黒っぽく、大部分が平らで四角い形をしており、丸い形をしたものはかなり少ない。松の木が多く、その他の樹木は少ない。松の木は岩石や石のすき間に生育し、すべて枝振りが平らである。到る所に氷雪があるが、滝はなく、鳥たちの鳴き声は聞こえない。また野獣の足跡も見えない。日観峰に到達する数里の道には、一本の木も生長することがなく、その上積雪も深く、人の膝ほどに積もっている。

　桐城出身の姚鼐が記述する。

【注　釈】……………………………………………………………………………
① 　本文は『惜抱軒文集』巻十四より選した。文章は泰山の地理上の位置を紹介
　　し、雪の泰山の美麗しい景色を描写して脈絡明白、題材の取捨選択適切、簡潔
　　な言語を用いて夕日と日の出時の雲・山・海・日の瞬息の多様な変化、色とり
　　どりで華やかな壮観を、生き生きと読者の眼前に展開している。
② 　姚鼐（1731～1815）：清代、桐城派古文作家中の重要人物。字は姫伝。また

夢谷。居室を惜抱軒と名付けたので、人々は惜抱先生と称した。安徽桐城の人。乾隆二十八年（1763）、進士に合格。兵部主事・刑部郎中等の官に任じたことがある。その後、辞職して江寧・楊州等の地の敬敷・梅花・紫陽・鐘山等の書院で約四十余年間講学した。『古文辞類纂』・『五七言今体詩鈔』を編し、著書には『惜抱軒全集』がある。

③ 阳：山の南面。

④ **汶水**：大汶河。山東莱蕪県の東北の原山に源し、西南に流れて泰安県の東を通っている。

⑤ 阴：山の北面。

⑥ **済水**：沈水。河南済源県の西の王屋山に源し、東流して山東に至る。

⑦ 其：陽谷と陰谷を指す。

⑧ **古长城**：戦国時代斉国が築いた長城。山東肥城県の西北に在り、そのまま黄海まで伸びている。

⑨ **乾隆**：清代、高宗愛新覚羅弘暦皇帝の年号（1736〜1796）。　**三十九年**：西暦1774年。

⑩ **京师**：首都。即ち今の北京。　**乗**：乗ずる。ここでは冒して、の意味がある。

⑪ **齐河・长清**：ともに山東の県名。泰安の西北に在る。

⑫ 限：境界。

⑬ 是：この。　**丁未**：十二月二十八日。

⑭ **朱孝纯**：字は子穎、号は海愚。山東暦城の人。姚鼐の親友。詩画を能くした。当時泰山府の知府（府知事）であった。　**麓**：ふもと。

⑮ 蹬：石の階段。

⑯ **郦道元**：北魏の作家。字は善長。著書に『水経注』四十巻がある。　**环水**：河川の名。

⑰ **循**：沿って。　**以**：而と同じ。

⑱ 限：門檻（しきい）。

⑲ **负雪**：山上に積もった白雪を形容。

⑳ 烛：動詞として用いている。照らすの意味。

㉑ **徂徠**：山の名。泰安県の東南四十里に在る。

㉒ 居：停める。

㉓ **戊申**：二十九日。　**晦**：陰暦毎月の末日。

㉔ **五鼓**：＝五更：明け方の五時より七時。

㉕ **日观亭**：日観峰上の亭。

㉖ 漫：たちこめている。

㉗ **樗（chū 出）蒲**：＝摴（chū）蒱：一種の賭博の道具。骰（tóu 投）子（さいころ）ともいう。俗に色（shǎi）子と称す。

㉘ **极天**：空のはて。

㉙ **承之**：それをひきたたせている。

㉚　绛：紅色。　皜：白色。　駁：混じえる。

㉛　偻（lǒu）：弯曲する。

㉜　岱祠：泰山の神 東嶽大帝の娘を祀った廟。

㉝　碧霞元君：女神。東嶽大帝の娘と伝えられる。

㉞　行宫：皇帝が外出したときに居住する宮殿。

㉟　显庆：唐の高宗 李治の年号（656～661）。

㊱　尽：完全に。　漫失：残欠して完全でない。磨滅してはっきりしない。

㊲　僻：偏僻（にある）。

㊳　少圜（yuán）：圜は圓（円）と同じ。　石罅：岩の裂け目。

㊴　平顶：松の樹の枝ぶりが平らかである。高く伸びていない。

㊵　冰雪：山上はすべて氷雪であることを指す。

㊶　瀑水：瀑布。

※原典は四部叢刊所収『惜抱軒文集』「登泰山記」によった。

记九溪十八涧①

林　纾②

　　过龙井山③数里，溪色澄然迎面，九溪之北流也，溪发源於杨梅坞，余之溯溪，则自龙井始。

　　溪流道万山中，山不峭而堑④，踵趾错互⑤，苍碧莫辨⑥途径。沿溪取道，东瞥西匿⑦，前若有阻而旋⑧得路。水之未入溪皆号曰涧，涧以十八，数倍⑨於九也。余遇涧即止。过涧之水，必有大石亘其流，水石冲激，蒲藻交舞。溪身广四五尺，浅者沮洳⑩，由草中行；其稍深者，虽停蓄⑪犹见沙石。

　　其山多茶树，多枫叶，多松。过小石桥，向理安寺路，石尤诡异。春箨⑫始解，攒动岩顶⑬，如老人晞发⑭。怪石折叠⑮，隐起山腹，若橱，若几，若函⑯书状。即林表⑰望之，瀚然⑱带云气。杜鹃作花⑲，点缀山路。岩日翳吐⑳，出山已亭午矣。

　　时光绪己亥㉑三月六日，同游者达县吴小村㉒、长乐高凤岐、钱塘邵伯絅㉓。

Jì Jiǔ xī shí bā jiàn

Lín Shū

Guò Lóng jǐng shān shù lǐ, xī sè chéng rán yíng miàn, Jiǔ xī zhī běi liú yě, xī fā yuán yú yáng méi wù, yú zhī sù xī, zé zì Lóng jǐng shǐ。

Xī liú dào wàn shān zhōng, shān bù qiào ér qiàn, zhǒng zhí cuò hù, cāng bì mò biàn tú jìng。 Yán xī qǔ dào, dōng piē xī nì, qián ruò yǒu zǔ ér xuán dé lù。 Shuǐ zhī wèi rù xī jiē hào yuē jiàn, jiàn yǐ shí bā, shù bèi yú jiǔ yě。 Yú yù jiàn jí zhǐ。 Guò jiàn zhī shuǐ, bì yǒu dà shí gèn qí liú, shuǐ shí chòng jī, pú zǎo jiāo wǔ。 Xī shēn guǎng sì wǔ chǐ, qiǎn zhě jù rù, yóu cǎo zhōng xíng ;qí shāo shēn zhě, suī tíng xù yóu jiàn shā shí。

Qí shān duō chá shù, duō fēng yè, duō sōng。 Guò xiǎo shí qiáo, xiàng Lǐ ān sì lù, shí yóu guǐ yì。 Chūn tuò shǐ jiě, cuán dòng yán dǐng, rú lǎo rén xī fà。 Guài shí zhé dié, yǐn qǐ shān fù, ruò chú, ruò jǐ, ruò hán shū zhuàng。 Jí lín biǎo wàng zhī, wěng rán dài yún qì。 Dù juān zuò huā, diǎn zhuì shān lù。 Yán rì yì tù, chū shān yǐ tíng wǔ yǐ。

Shí Guāng xù jǐ hài sān yuè liù rì, tóng yóu zhě Dá xiàn Wú Xiǎo cūn、 Cháng lè Gāo Fèng qí、 Qián táng Shào Bó jiǒng。

龍井山を越えて数里の道を行くと、谷川がある、その水は川底まで澄み切り、淀むことなく流れ続けている。ここは九溪の北側の支流であり、柳梅嶺にその源がある。私が谷川沿いに上流に向かって

進む行程は龍井をその起点とする。

　谷川の流れはいくつもの山を経て流れる。それらの山峰は峻険ではなく、多くの溝や谷があり、山すそは互いに交錯している。青と緑の深い色合いに埋もれた山間の小径を識別するのは難しい。やむを得ず谷川に沿いながら、路をさがして行くと、同じような小道が現れたり消えたりする。前方を見るとまるで道がないような状態になることもあるが、しばらくすると小道がまた現れる。水が谷川に到達しなければ、「山澗（山間の渓流）」という。それらの渓流は十八あり、九の倍数に当たる。山間で渓流に行き当たると、私はすぐに歩を停める。通過できるところでは、大石が流れの中で橋の役目を果たしており、水流が石と激しくぶつかり、蒲藻等の水草を激しく揺らしている。谷川は幅が四、五尺である。水の浅いところは泥水が混じり、草の上から徒歩で渡ることが出来る。深いところでは物が集まって流れが止まっているが、水は非常に澄み切っており、底の沙石までも見える。

　山には茶の木や楓の木、松の木等がたくさんある。小さな石橋を過ぎて理安寺の山道を歩いて行くと岩石が奇観を呈する。春の筍は外皮を落としてまもなく岩石のてっぺんから顔を出すが、それは老人のくたびれた頭髪のようである。山の中腹あたりでは、奇石が幾重にも重なり山腹を覆い、それらは台所の置物やテーブルのようでもあるし、古書をしまった外函の形のようにも見える。林の後方に近づくと雲霧が立ち込め、ツツジの花が咲いて、山道を引き立たせている。太陽が時には岩石の後ろに隠れ、時には岩石の後ろから現れたりする。山中を歩き続けて抜け出した時にはすでに正午になっ

ていた。

　その日は、光緒二十五年三月六日で、私に同行したのは達県の呉小村と長楽の高鳳岐、銭塘の邵伯綱であった。

【注　釈】…………………………………………………………………………

① 　九渓十八澗は杭州風致地区の一であり、杭州市栖霞嶺の西南に在り、楊梅嶺に源する。渓流が交錯し、峰が回り路が巡っているので遊覧の時には一種「山重なり水複して路なきかと疑い、柳暗花明また一府」の感覚を与えられる。文章はこの感覚をつかみ取って、生き生きとした言語で描写している。僅かに二百余字ではあるが、この名勝の深邃秀麗さを描き尽くしている。

② 　林紓（1852～1924）：近代の著名な文学家。原名は群玉。字は琴南。号は畏廬。福建閩県（閩侯）の人。清の光緒の挙人（各人の郷里での試験［郷試］に合格し、都で行う試験［会試］を受ける資格のできた者）。京師大学堂において教育に当たる。早年、資産階級改良主義の政治活動に参加した。かつて別人の口述筆記に依ってヨーロッパ・アメリカ等の国の小説百七十余種を翻訳したが、多くは名著である。その訳文は流暢で影響もかなり大きい。晩年には新文化運動に極力反対した。保守派代表の一人である。彼は詩画に巧みであり、また小説や戯曲を創作した。著書に『畏廬文集』・『畏廬詩序』がある。

③ 　龙井山：西湖の西南に在る。龍井という銘茶を産出する。

④ 　峭：険峻である。　塹：山中の塹壕。

⑤ 　错：交錯する。　互：相互に。

⑥ 　莫：できない。　辨：見分ける。

⑦ 　瞥：一瞬ちらっと見える。一瞥。　匿：隠れる。

⑧ 　旋：ほどなく。直ちに。

⑨ 　数：数。　倍：倍増する。

⑩ 　沮洳：河沿いの低湿地帯。水草が茂って湿地となる。

⑪ 　停蓄：渟蓄に作るテキストもある。水が積聚して流れない。

⑫ 　箨：筍の皮。

⑬ 　攒动岩顶：岩石の頂層に穴を開けて出る。

⑭ 　晞发：ほして乾かした頭髪。髪を乾かす。

⑮ 　折叠：＝摺畳：重なり合う。

⑯ 　函：中国古書の外箱。此処では動詞として用いている。

⑰ 　林表：林の外。

⑱ 　瀚然：雲気があたり一面に沸き起こるさま。

⑲ 　作花：開花する。

⑳　岩日翳吐：太陽が岩石に遮蔽されたり現れたりする。

㉑　光绪：清の德宗　載湉の年号（1875～1909）。　己亥：二十五年（1899）。

㉒　达县：四川達県。　呉小村：生平事跡ともに不詳。

㉓　长乐：福建長楽県。　高凤岐：字は嘯桐。号は媿室主人。光緒の挙人。官は
桐州知府に至る。古文・詞に巧み。　銭塘：杭州。　邵伯絅：生平事跡ともに
不詳。

※原典は林紓著『畏廬文集・詩存・論文』所収「記九溪十八澗」によった（臺北、
文海出版社、1973）。

游栖霞紫云洞记[①]

林 纾

栖霞凡五洞，而紫云最胜。余以光绪己亥四月，同陈吉士及其二子一弟，泛舟至岳坟[②]下，道山径至栖霞禅院[③]止焉。出拜宋辅文侯墓[④]，遂至紫云洞。

洞居僧寮[⑤]右偏，因石势为楼。周[⑥]以缭垣，约以危栏。据栏下瞩，洞然而深，石级濡滑[⑦]，盘散[⑧]乃可下。自下仰观，洞壁穹窿[⑨]斜上，直合石楼。石根下插，幽窈莫竟[⑩]，投以小石，琅然作声，如坠深穴。数武[⑪]以外，微光激射。石隙出漏[⑫]天小圆明如镜焉。蝙蝠掠人而过，不十步，辄[⑬]中岩滴。

东向有小门，绝黑，偻[⑭]而始入。壁苔阴滑，若被重[⑮]锦。渐行渐豁[⑯]，斗[⑰]见天光。洞中廓若深堂[⑱]，宽半亩许，壁势自地拔起，斜出十余丈。石角北向，壁纹丝丝像云缕。有泉穴南壁下，蓄黛[⑲]积绿，泚然无声。岩顶杂树，附根石窍[⑳]。微风徐振[㉑]，掩苒摇飏，爽悦心目。怪石骈列[㉒]，或升或偃，或倾或跂[㉓]，或锐或博[㉔]。奇诡万态，俯仰百状。

坐炊[㉕]许，出洞。饮茶僧寮。余方闭目凝想其胜，将图[㉖]而藏之。而高啸桐、林子忱突至，相见大欢，命侍者更导二君入洞。遂借笔而为之记。

Yóu Qī xiá zǐ yún dòng jì

Lín Shū

Qī xiá fán wǔ dòng, ér Zǐ yún zuì shèng. Yú yǐ Guāng xù jǐ hài sì yuè, tóng Chén jí shì jí qí ér zǐ yī dì, fàn zhōu zhì Yuè fén xià, dào shān jìng zhì Qī xiá chán yuàn zhǐ yān. Chū bài Sòng Fǔ wén hóu mù, suì zhì Zǐ yún dòng.

Dòng jū sēng liáo yòu piān, yīn shí shì wéi lóu. Zhōu yǐ liáo yuán, yuē yǐ wēi lán. Jù lán xià zhǔ, dòng rán ér shēn, shí jí rú huá, pán sǎn nǎi kě xià. Zì xià yǎng guān, dòng bì qióng lóng xié shàng, zhí hé shí lóu. Shí gēn xià chā, yōu yǎo mò jìng, tóu yǐ xiǎo shí, láng rán zuò shēng, rú zhuì shēn xué. Shù wǔ yǐ wài, wēi guāng jī shè. Shí xì chū lòu tiān xiǎo yuán míng rú jìng yān. Biān fú lüè rén ér guò, bù shí bù, zhé zhōng yán dī.

Dōng xiàng yǒu xiǎo mén, jué hēi, lóu ér shǐ rù. Bì tái yīn huá, ruò pī chóng jǐn. Jiàn xíng jiàn huò, dòu jiàn tiān guāng. Dòng zhōng kuò ruò shēn táng, kuān bàn mǔ xǔ, bì shì zì dì bá qǐ, xié chū shí yú zhàng. Shí jiǎo běi xiàng, bì wén sī sī xiàng yún lǚ. Yǒu quán xué nán bì xià, xù dài jī lù, duì rán wú shēng. Yán dǐng zá shù, fù gēn shí qiào. Wēi fēng xú zhèn, yǎn rǎn yáo yáng, shuǎng yuè xīn mù. Guài shí pián liè, huò shēng huò yǎn, huò qīng huò qì, huò ruì huò bó. Qí guǐ wàn tài, fǔ yǎng bǎi zhuàng.

Zuò chuī xǔ, chū dòng. Yǐn chá sēng liáo. Yú fāng bì mù níng xiǎng qí shèng, jiāng tú ér cáng zhī. Ér Gāo Xiào tóng、Lín Zǐ chén tū zhì, xiàng jiàn dà huān, mìng shì zhě gèng dǎo ér jūn rù dòng。Suì jiè bǐ ér wéi zhī jì。

　棲霞嶺には計五つの洞があり、その中の紫雲洞は最も奇異な美しさがある。光緒二十五年四月、私は陳吉士と彼の二人の息子、弟と、舟に揺られて岳飛の墳墓へ上陸した。それから小道に沿って山に登った。棲霞嶺の寺院に到着すると、しばらく休憩を取った。それから寺院を出発して南宋の牛皋の墓へお参りに行き、まもなく紫雲洞に到着した。

　紫雲洞は僧侶が居住する小屋の少し右側に在り、山石の形によって楼が建てられている。周りには短い壁がめぐらされ、更に高い手すりが付いている。手すりにつかまって下の方を見ると、洞口は大きくて深く、下に続く石段はぬれていてとても滑りやすいので、人々はよろよろと下りていく。下から上を仰ぎ見ると、洞壁はまるで天空のように、真ん中を頂点に傾斜し、それがずっと石楼まで続いている。岩石は下の方へ真っ直ぐ差し込み、薄暗くて深く、まるで底なしの洞みたいである。奥へ小石を投げると、バシャーという音が響き、深い洞の中に落ちたようだ。数歩を隔てたところには一筋の弱い光が差し込み、岩石のすき間から小さな空が現れる。それは円くて明るく、まるで鏡のようだ。コウモリが頭上を飛び、十歩も進まないのに岩石から水滴が落ちてくる。

　東の方には小さな門があり、中は真っ黒で、腰を曲げ頭を低くしてようやく中に入ることができる。洞壁の青苔は陰湿で柔らかくなめらかで、まるで幾重にも重なった綿の刺繡をはおっているようだ。

前へ進むにつれて洞内は広く開けてくる。突然空の色が見え、洞の中は広々として深い広間のようである。おおよそ半畝（一ムーの半分）ぐらいの広さがあり、洞壁は地下から斜めに千丈（一丈は三・三メートル）ほど伸びている。突き出ている石角の北側には洞壁に糸状の模様があり、まるで雲が薄くたなびいているようだ。南側の洞壁には泉穴があり、濃い緑色をして、静かに停滞して動かず、何の音もしない。岩石の頂上に生えている木々とその根は、すべて岩石の穴に根を付けている。微風が吹くと木の枝は軽やかに揺れる。木の葉が上へ舞い上がり、人々を楽しませ和ませてくれる。奇怪な岩石の並列を見ると、真っ直ぐに向いているもの、横になっているもの、傾いているもの、人がかかとを上げて立っているようなもの、光っているもの、大きいもの等がある。奇々怪々でそれぞれ形が違う。人がうつむいていたり、頭を上げたりして、その形状もそれぞれ異なる。

　おおよそご飯が炊けるぐらいの時間腰を下ろし、それから洞窟の外に出た。僧侶の小屋でお茶を飲み休息した。私は目を閉じて精神を集中させ、洞の中の不思議な景色を一枚の絵に描いてしまっておくつもりだった。ところが高嘯桐と林子忱の二人が突然来訪したので、とてもうれしくなり、私は召使いを従えて彼らを洞の見学に案内した。それから僧侶に筆や墨を借りてこの遊記の文章を記したのである。

【注　釈】……………………………………………………………………………
①　紫雲洞は奇異な事で有名である。作者はこの特長を捉えて、洞の入口より説き起こし、順を追って洞内の壁面の形勢・模様、泉水の流れ出る穴、様々な樹

木、怪石の奇態を多様に描き、人の心をさわやかにし目を楽しませてくれる。文筆は簡潔流暢、描写は生き生きとして具体的、読者に臨場感を与えてくれる。

栖霞：栖霞嶺。杭州葛嶺の西に在る。剣門嶺・履泰嶺とも呼ばれる。昔は山上に桃の木が多かったので、花が開くと鮮明で美しく、まるで彩霞（五彩に輝く霞）のようであった。故に名付けられた。　**紫雲洞**：栖霞嶺上にある。

② **岳坟**：南宋の著名な民族英雄である岳飛の墳墓。西湖の北岸に在る。

③ **禅院**：寺院。仏寺。

④ **宋**：宋代。　**輔文侯墓**：牛皋の墓。『杭州志』に、宋皋「景定（南宋の理宗趙昀の年号）、初めて追封せられて輔文侯と為る」と。

⑤ **僧寮**：僧侶の居住する小屋。

⑥ **周**：四周（まわり）。周囲。此処では動詞として用いている。

⑦ **濡滑**：ぬれてつるつるしている。

⑧ **盘散**：蹒跚・盘跚と同じ。よろよろと歩く。

⑨ **穹窿**：空のように真ん中が隆起して四方が垂れ下がっている。

⑩ **莫竟**：底がない。

⑪ **数武**：数歩。

⑫ **出漏**：露出する。

⑬ **輒**：（…すると）もう。　**中**：水滴が人の身体にあたることを指す。動詞として用いている。

⑭ **僂**（lóu）：頭を低れて背をかがめる。

⑮ **被**（pī）：はおる。　**重**：かさねる。

⑯ **豁**：広く開ける。

⑰ **斗**：陡と同じ。突然の意味。

⑱ **廓**：広々としている。広々と開けている。　**深堂**：深い広間。

⑲ **蓄・積**：ともに集まるの意味。　**黛**：青黒色。

⑳ **附**：依存する。　**窍**：孔洞（あな）。

㉑ **徐振**：軽く揺り動かす。

㉒ **骈列**：并列する。

㉓ **跂**（qì）：踵（かかと）をあげる。

㉔ **鋭**：尖る。　**博**：大きい。

㉕ **炊**：火を焚いてご飯を炊く。ここではご飯を炊く時間を指す。

㉖ **図**：画く。

※原典は林紓著『畏廬文集・詩存・論文』所収「遊棲霞紫雲洞記」によった（臺北、文海出版社、1973）。

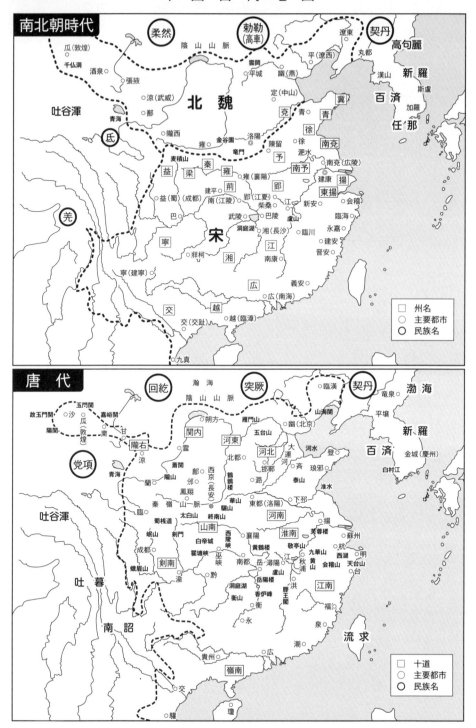

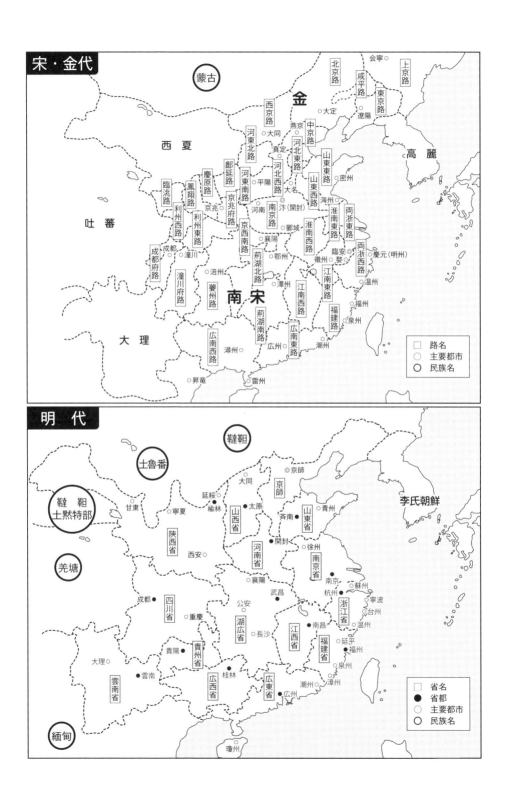

編 ・ 者 ・ 略 ・ 歴

水野 厚志 (みずの・あつし)

早稲田大学文学研究科東洋哲学専修博士前期課程修了、修士
（文学）。大東文化大学博士後期課程中国学専攻単位取得満期
退学。
現在、東京国際大学准教授。主な著書に、『後漢書 郡國志』
（共著 汲古書院出版株式会社）、
『中国古代甲冑図鑑』（分担執筆 アスペクト出版）、『全訳漢字
海』（分担執筆 株式会社三省堂）などがある。そのほか、「荘
子」に関する研究論文を多数執筆している。

瀬戸口 律子 (せとぐち・りつこ)

琉球大学人文社会科学研究科比較地域文化専攻後期課程修了、
博士（学術）。中国語学専攻。
現在、大東文化大学名誉教授。東京国際大学客員教授。主な
著書に、『完全マスター中国語の文法 改訂版』（語研刊）、『中
国散文選上・下』（共）『白姓官話全訳』（以上、明治書院刊）、
『新・中国語はじめました──中国語初級テキスト』（駿河台出
版社刊）、『琉球官話課本研究』（香港中文大學刊）、『学官話全
訳』『官話問答便語全訳』『琉球官話課本の研究』『「琉球官話」
の世界』（榕樹書林刊）などがある。そのほか、琉球官話に関
する研究論文を多数執筆している。

中国游記選

2019年　10月25日　初版印刷
2019年　11月3日　初版発行

編　者　水野　厚志・瀬戸口　律子

発行者　佐久間　保行

発行所　株式会社　明 徳 出 版 社
　　　　　〒167-0052　東京都杉並区南荻窪1-25-3
　　　　　電話　03-3333-6247
　　　　　振替　00190-7-58634

製作　㈱明　　徳

©Atsushi Mizuno & Ritsuko Setoguchi　2019　Printed in Japan
ISBN978-4-89619-596-5